新装版
ゲーム感覚で学ぼう，コミュニケーションスキル

小学生から 指導案付き

臨床心理士
田中和代 著

黎明書房

はじめに

　いまコミュニケーション能力を身につけていない子どもや若者が社会問題になっています。キレる，不登校，引きこもりなどです。人と上手につき合えない場合は物に固執することもあります。オタクといわれる人々です。社会で認められない，社会に居場所がない，そんな人々が事件を起こすことがあります。この人たちがクラスメートとケンカして仲直りしたりという経験が豊富にあるような生活をしていたら，そんな事件を起こさずにすんだのではと事件を知るたびに悲しくなります。

　このようなコミュニケーション能力の不足は子どもと若者だけではありません。大人の中にも話し方を身につけていない人がいます。こんな大人が親になり反抗期の子どもと話をすると，けんかしなくていい時までけんかをして，子どもとの関係が最悪になること必至です。

　この本は，そんなコミュニケーションの技術を楽しく身につけられるゲームやエクササイズなどを載せました。すべて学校や研修会で私が行ってきたものです。内容はどれも準備が簡単で，ルールなどもあまりこだわらなくてもいいものばかりです。

　第1部「コミュニケーションスキルの必要性と考え方」では，社

会問題の中でコミュニケーションスキルが果たす役割や必要性などについて述べました。

　第2部「3～30分でできるゲーム＆エクササイズ」では，言葉を使用しないものと，言葉を用いるゲームやエクササイズを掲載してあります。また，カウンセリング的な話し方をゲーム感覚で身につけられるようなエクササイズも載せました。

　第3部「授業で活用」では，学校や研修の場で実践する時の授業計画案を掲載しています。「ソーシャルスキル」や「アサーショントレーニング」「いじめを防止する」などのスキルをロールプレイを通して身につけていく授業計画となっています。

　この本に掲載されているゲームやエクササイズは教科の授業目標と重なる部分も多く，特に第3部は道徳や特別活動にそのまま活用できます。この本の指導案を参考に年齢やシナリオを変化させて活用していただければ，あらゆる年齢層の人への実施が可能です。

　言うまでもないことですが，エクササイズの中で「そうだね」とかオウム返しなどをする時には，ただ言葉だけでなく，心から対応することが大切ですから忘れないでください。

　多くの人がこの本でコミュニケーションがうまくとれるようによい変化がおきるようになればと願っております。

　なお，本書は，先に「指導者ハンドブック」の第1巻として出されたものを，新装大判化し，読みやすくしたものです。末長いご愛読をお願いいたします。

　　2019年11月1日

　　　　　　　　　　　　　　　　　　　　　田中和代

もくじ

はじめに 1

本書のゲームやエクササイズの使い方 6

第1部 コミュニケーションスキルの必要性と考え方

友達と話ができない 10

コミュニケーション能力はどのように育つか 11

小学校に入ってから 14

コミュニケーションゲームの放課後実施で自信が 15

今日的課題を解決するカギはコミュニケーション 16

研修などの参加者は緊張している 18

班分けする時には 19

アサーショントレーニングとは 20

感想や意見を聞き合う話し合いの大切さ 21

コミュニケーションスキルの位置づけ 22

3〜30分でできるゲーム＆エクササイズ

> 言葉を用いないコミュニケーションゲーム

1	仲間さがし	25
2	誕生日の輪	26
3	ジェスチャー	28
4	あなたを信じてどこまでも（ブラインドウォーク）	30
5	一緒に芸術家	34

> 言葉を用いたコミュニケーションゲーム

6	ジャンケンヒーロー	36
7	自己紹介ゲーム①	37
8	自己紹介ゲーム②　レイ取りジャンケン	38
9	言葉さがし	40
10	短所が長所にヘンシーン	42
11	フルーツバスケット	44
12	私が好きな理由は	46
13	あなたの素敵なところは	48
14	おはようゲーム①	50
15	おはようゲーム②	52
16	おはようゲーム③	54

> 体がふれ合うコミュニケーションゲーム

17	タッチゲーム	55
18	風船リレー	56

ロールプレイで話を聴く練習

19	うなずきエクササイズ	59
20	そうだねエクササイズ	61
21	オウム返しエクササイズ	63
22	共感エクササイズ	66

第3部 授業で活用

ソーシャルスキルトレーニング
指導案	No. 1	仲間に入れて	70

ソーシャルスキルトレーニング
指導案	No. 2	敬語を使おう	72

道徳的判断力を育てるロールプレイ
指導案	No. 3	悪いことに誘われたら	74

アサーショントレーニング
指導案	No. 4	ずるいことはやめて	78

いじめを防ぐロールプレイ
指導案	No. 5	いじめに誘われたら	80

アサーショントレーニング
指導案	No. 6	さわやかな主張でケンカなし	83

アサーショントレーニング
指導案	No. 7	不愉快にさせられた相手に言いたいことを 主張する	86

アサーショントレーニング
指導案	No. 8	さわやかに断る	89

アサーショントレーニング
指導案	No. 9	親子関係を考える	92

感想シート	96

本書の
ゲームやエクササイズの使い方

1 　いつでも時間のある時，気軽にやって楽しみましょう

　子ども会や集会の時，この本のゲームやエクササイズを試してください。特別に何かのためと決めなくてもいいのです。参加者は楽しみを得ることができます。ただ楽しいだけでなく，会場全体がよい雰囲気になり，その後の活動やイベントなどにもよい影響を与えるでしょう。

2 　集会や研修の前に行い，緊張をほぐしましょう

　初めて顔を合わせる研修会や勉強会などでは，講師が考えるよりずっと参加者の緊張は高まっています。たった5分だけコミュニケーションゲームを行うことでも冷たい雰囲気が一気に溶け，つまりアイスブレーキング（緊張緩和）ができるわけです。失敗したり，目を合わせたりすることで，初めての人の中でも自分の居場所を感じるようになれます。

> ### たった5分でできるアイスブレーキングの例
> - 誕生日の輪（26頁）＋自己紹介ゲーム①（37頁）
> - 誕生日の輪（26頁）＋フルーツバスケット（44頁）
> - ジャンケンヒーロー（36頁）
> - 自己紹介ゲーム①（37頁）＋短所が長所にヘンシーン（42頁）
> - 自己紹介ゲーム①（37頁）＋私が好きな理由は（46頁）
> - 自己紹介ゲーム②レイ取りジャンケン（38頁）

3 　「クラスが楽しい」と思えるように毎日10分間行いましょう

　新しいクラスの生徒がまだ仲良くなっていない頃とか，クラスに馴染めない生徒がいる場合，コミュニケーションゲームを毎日実施することでクラスに楽しい雰囲気が生じ，登校が楽しくなる生徒がふえます。毎日というと長い時間は取れないし，毎回違うゲームを考えるのも大変です。そんな場合，帰りの会などで毎回同じゲームを行っても楽しいものです。一緒に笑う経験を重ねることで，友達との距離が近づきます。

本書のゲームやエクササイズの使い方

毎日連続して行っても楽しいゲーム
- ジェスチャー（28頁）
- 一緒に芸術家（34頁）
- ジャンケンヒーロー（36頁）
- 自己紹介ゲーム②レイ取りジャンケン（38頁）
- 言葉さがし（40頁）
- 短所が長所にヘンシーン（班や相手を変える）（42頁）
- フルーツバスケット（44頁）
- あなたの素敵なところは（48頁）
- 私が好きな理由は（46頁）

4　低学年のソーシャルスキルは毎日5分で身につきます

　低学年の生徒であいさつができない，クラスにとけ込めない生徒がいるなどの場合，朝の会や帰りの会でゲームやエクササイズをしましょう。

　実施にあたって注意することは「笑顔で」「相手の目を見て」「体を相手に近づけて」「手を上げたり，お辞儀をしたり」など，内容にふさわしい態度を身につけることに配慮します。毎日の繰り返しで自然にコミュニケーションのスキルが身につきます。

　また「おはようゲーム」は朝の会用ですが，これを「さようなら」に変えたり「ごめんなさい」に変えれば帰りの会でも行えます。

毎日5分でソーシャルスキルを養うゲーム
- おはようゲーム①（「さようなら」「ごめんなさい」でも可）（50頁）
- タッチゲーム（55頁）

5　本書のゲームやエクササイズを授業で行うには

　この本のゲームやエクササイズはいろいろな教科で実施することができますが，特に関連が深いのは道徳と特別活動でしょう。次に道徳と特別活動の目標を学習指導要領から引用してみます。

> **[道徳] の目標** ● 「小学校学習指導要領」より抜粋
> 「道徳的な判断力，心情，実践意欲と態度を育てる」
> **[特別活動] の目標** ● 「小学校学習指導要領」より抜粋
> 「集団や社会の形成者としての見方・考え方を働かせ，様々な集団活動に自主的，実践的に取り組み，互いのよさや可能性を発揮しながら集団や自己の生活上の課題を解決することを通して，……資質・能力を育成することを目指す」

　このように道徳では，善悪の判断力や，友達を思いやる心，態度などを養うことが目標となっています。いじめを防ぐエクササイズやアサーショントレーニングなどがこの目標を達成するのに役立ちます。

　特別活動では，集団の中での望ましい態度を育てることを目標にしています。この本で紹介するゲームやエクササイズは，好ましい自己主張の仕方，あいさつ，話し方など集団の中での望ましいコミュニケーションスキルの育成をねらいとしているので，すべてのゲームやエクササイズが特別活動の授業で活用できるでしょう。

　従来の授業，特に道徳などではとかくお説教じみた話題が多くて，生徒も教師もマンネリ化しがちです。そんな授業にゲームやエクササイズを用い，ロールプレイを通して生徒が相手の立場に立って考えることができたり，心から納得することができればと思います。

6　第3部の「指導案」を扱う場合の留意点

●モデル演技の中でもセリフの多い役は難しいので指導者(講師や教員)が行い，その相手役を参加者（生徒など）が行いましょう。あらかじめ練習ができる場合は，すべてを参加者が行ってもいいでしょう。

●「感想シート」は96頁のものをコピーして使用してください。

●「指導案」を授業で使用する場合，そのまま使える場合もありますが，教科によっては，適宜変化させて使うことが必要になります。

●「シナリオカード」のセリフは，ロールプレイを行う人の年齢や性別により適宜変化させてください。

注）本書でのゲームとエクササイズの意味：ゲームとは勝負を含んだりする遊びのことです。エクササイズとは話し方などの練習という意味に使っています。

第 *1* 部

コミュニケーションスキルの必要性と考え方

友達と話ができない

　私はいくつかの学校でカウンセラーをしています。そこには人間関係で悩んでいる生徒や学生がとても多いのです。

　ある生徒は友達と話ができない悩みを次のようにいいます。

　「友達との共通点を探して，気のきいた話題をいおうとするのです。しかしあせればあせるほど，頭の中が真っ白になって，言葉が浮かんできません。でもまだ相手が1人の時はいいんです。相手が2人になるともう困ってしまいます。だって，自分と相手の人との共通の話題を見つけても，もう一人の人が知らない話題だったらと思うと話題が見つからないんです」といいます。

　またクラスメートに自分から「おはよう」などのあいさつをすることができない学生もいます。その人は友達を「○○さん」と呼んだらいいのか，「○○君」でいいのか悩んでいます。「○○さんは以前『僕のことを○○さんと他人行儀に呼んでほしくない』といっていた。『○○タンと呼んでほしい』といっていたので，そう呼ぼうと思っているのだがまだ決心がつかなくて，入学してから1度も名前を呼んだことはありません」といいます。入学後2年が経過していることを考えると，その悩みは深いといわざるをえません。

　あいさつだけはできるけど，「話しかけても友達は冷淡な表情なので，自分のことが嫌いだと思う。友達は1人もいません」という女の子もいます。周りの人に聞いてみると，みんなはその子に話しかけるのだけど，表情も暗くニコリともしないので喜んでいるとは思えず，それ以上は誘わないのだそうです。

　また，中学に入学したばかりのある女子は「クラスで浮いてしま

って」という悩みを抱えています。

　よく話を聞いてみると，自分はまじめに先生のいうとおりに清掃をしていても，他の生徒は適当にサボっており，先生が来た時だけまじめさを装う。それに腹が立ち，きつく注意するのだそうです。友達がサボっていることを先生にいいつけると，先生までもが「そんなにうるさくいわなくても」と取り合ってくれないことが度々あったそうです。

　自分だけが先生のいいつけをしっかり守っているという自信が過剰にあったのですが，次第にクラスメートが自分と話をしてくれなくなり，最初はあった自信もなくなってしまい，しばらく学校を休みたいと訴えています。

　また，友達をつくるのが苦手なある主婦は，子どもが通う幼稚園で母親同士のつき合いができなくて，自己嫌悪に陥り，その後摂食障害になりました。

　年齢に関係なく小学生から大人まで，このように一見たいしたことではないような人間関係づくりに悩む人が実に多いのです。

コミュニケーション能力はどのように育つか

　人間は，人間として生まれるのではなく，人間の中で育つから人間になるのだとよくいわれます。それは，インドで狼に育てられた少女のタマラとカマラ，そして，アヴェロンの野生児のヴィクトールの例を引くまでもなく万人が認めることでしょう。

　では，人間の赤ちゃんはどのようにコミュニケーション能力を獲得していくのでしょうか。その始まりは生まれて間もない頃からといわれています。

11

まずは新生児微笑といわれているものです。最近はチンパンジーの赤ちゃんでもその存在が認められていますが，人間の赤ちゃんは新生児の時，ニッコリとほほえむように DNA に組み込まれているそうです。これはお母さんの顔を見たこととは関係なしに，ベッドが揺れたりした瞬間にほほえむのだそうです。この微笑を見た養育者が「かわいい！」と感じ，養育する喜びを感じるようにセットされているのですね。これはコミュニケーション能力が人間やチンパンジーにとって大切なものであることを示しているといえます。

　では次の段階にすすみます。赤ちゃんはお腹がすくと泣きます。またオムツがぬれていて気持ち悪いと泣きます。そして，熱すぎたり，寒すぎたり，寂しいなど不快になった時に泣きます。親はこの泣き声はいったい何だろうと推測し，原因を取り除こうとします。赤ちゃんは不快でなくなると泣き止みます。つまり泣くことで，要求を親に伝えているのです。これが自らコミュニケーション能力を獲得する最初です。

　しかし親が「もう3時間経ったからお腹がすいているだろう。泣く前にミルクをあげよう」などと要求の先取りをして泣かせないでいると，コミュニケーション能力だけでなく，自分から行動するという自発性・自主性の芽をも摘むことになります。

　やがて赤ちゃんが3カ月くらいになると，しっかりと親の顔を見つめながらほほえむようになります。この微笑は親などに向けられたもので，新生児微笑と比べると口を開けてにっこりする度合いがさらに強調されています。これが社会的微笑といわれているものです。このように，赤ちゃんがほほえみ，それにつられるように親がほほえみ返すというようにコミュニケーションをとっていきます。

もう少し大きくなってくると親に抱かれ，いろいろな人に会う機会が増えます。周りの大人が赤ちゃんに「まあ，かわいい」と話しかけますと，赤ちゃんはにっこりします。それを受けて周りの大人が「あら，いいお顔ね，お利口ね」と頭をなでてまたほめてくれます。赤ちゃんは，人に会った時にニッコリすると相手がほめてくれて，自分がいい気持ちになることを学びます。

ではコミュニケーションで大きな役割を果たす言葉はどのように育まれていくのでしょうか。親はまだ何もできない時から赤ちゃんに「バイバイ」を教えます。その時，親は赤ちゃんの手を持って振り，言葉は親が「バイバイ」とつけ加えます。また赤ちゃんの頭を倒してお辞儀の動作を伴う「コンニチハ」と「ゴメンナサイ」も教えます。食事の前に合掌させて「イタダキマス」と「ゴチソウサマ」，そして両手を前に差し出す「チョウダイ」，これらを赤ちゃんが意味がよくわからない時から教え込みます。これがジェスチャーなども含んだ広い意味での「言葉」の学習方法です。それがその後の言葉やコミュニケーション能力の習得に必要な一歩になるのです。ですから家族が声を出してあいさつをすることはとても大切なことといえます。

商売をしている家庭に育つと愛想がよくなるといいます。母親が背中に赤ちゃんをオンブして商売をしていると，客がくるたびに，まだ何もしゃべれない赤ちゃんにほほえみかけ，頭をなでてほめてくれます。赤ちゃんに言葉はわかりませんが，怒られたり禁止されたりとは違うぞ，何かいいことらしいという快の雰囲気はわかりますからほほえみを返します。その繰り返しで自然に愛想もよくなり，だれとでも話のできる子どもに育つことが多いのです。

このように人生の初期においてそれぞれのステップにあったコミュニケーションの技術を身につけます。それを努力しなくても場に応じて使えるようになっていれば，人間関係をつくる階段の一段目を越えたといえましょう。しかし，最近は核家族家庭が多く，また縁側など家庭から社会に開かれた構造の家が減り，マンションなどドアから出なければ一日中人と会わないなど，赤ちゃんが他人と接しにくい環境になっています。

　一方，生まれつき人見知りが極端に強いという場合もあります。こんな場合は，コミュニケーション能力がなかなか身につかずに育ちます。

　また脳に軽度の障害があったりして，周りからの刺激を認識できにくい子どももいます。保健所などの発達相談では，言葉が出にくい子どもや，親とコミュニケーションの取りにくい子どもの相談があります。そんな場合，まずはあいさつを家中でしてもらうようにします。それによってコミュニケーションの基礎を身につけることになるからです。

小学校に入ってから

　先に述べたように，社会的な問題として，核家族化や閉ざされた家の構造などにより，コミュニケーション能力がうまく育っていない子どもが少なくありません。そのような子どもが小学校に入学してきますと，クラスメートとの間でいろいろと摩擦を起こしがちです。例えば，友達が持っている物がほしいと，黙って奪い取る。自分の思うようにならないと暴れたり暴言を吐く。また集団で遊んでいるところに「まぜて」「いれて」「一緒に遊ぼう」といえないため，

孤独な思いをしたりします。

　一方，どんな時も無意識にいい笑顔をつくる子どもは，たとえ大人が叱ろうと思った時でも，「かわいい！」と思ってしまい，心が緩み思わずニッコリしてしまいます。教育の専門家である教師だから，母性のある母親だからどんな子にも笑顔を忘れずにとはいっても，やはりニコッという微笑には人間は弱いようです。

コミュニケーションゲームの放課後実施で自信が

　欠席が多い女子中学生が相談室に来ました。友達がいないので学校にくるのがつらい，友達になりたくても何を話したらいいのかわからないので苦しい，こんなに辛いのだから無理して学校に来るのはいやだと訴えてきました。

　このまま放っておくと確実に不登校になってしまう状況だと判断して，この生徒がクラスメートと話ができるように担任と計画を立てました。

　席替えなどでその子に配慮してくれそうな友達を近づけること，そして毎日帰りの会にコミュニケーションゲームを実施することにしたのです。毎日なので，10分以内にできるものにしました。いくつかの自己紹介ゲームで，自分のことを相手に紹介する場面，班対抗で協力する場面などから始めました。ゲームだから「話さなければならない」という，やや強制的に話をする場面があります。しかし，人間関係づくりが苦手な人にはそんな少しばかりの強制力が必要なのです。話が苦手な人は「自由に」といわれても何を話したらいいのか思いつきません。しかしテーマが与えられていたら話がしやすくなります。今までこの生徒は，相手の態度が冷たいと思って

傷つき，自分も笑顔で話すことができませんでした。しかし，ゲームの中では，笑顔でニコッという条件がつきますので，次第に笑顔がでてきました。半年を経過する頃には，もう友達もできたようで，相談室に来ることも，欠席もなくなってきました。自然な笑顔で話せるようになっていました。

今日的課題を解決するカギはコミュニケーション

今日，青少年の問題が注目されています。突然キレる子は，突然腹が立つのではありません。自分が考えていることや感じていること，怒りなどを相手に伝えるのが苦手な人なのです。ふだんおとなしい子で，周りの人がバカにしたり，からかったりしても，その時「やめて」といえないのです。反発しないで我慢しているのですが，その我慢が限界になり，たまった怒りが爆発するのです。しかし，その怒り方も程度というものがわからずささいなことでも激しく怒ってしまう。周りがそのちぐはぐな態度に驚いて「キレた」というのです。

もしこれらの人が，「嫌」という気持ちを怒らずに相手に伝えることができたら，また，もしクラスメートなどと気軽に話をしたり，一緒にいてお互いが楽しいと感じるような会話ができたら，不幸な事態は避けられたのではないかと思います。

また不登校や引きこもりも大きな社会問題となっています。不登校はいろいろな原因があり，一つには決めつけられません。しかし，コミュニケーション能力の不足は大きな比重をしめると考えられます。

不登校の原因として学力不足がいわれることもあります。成績の

悪い生徒は授業が理解できないので，学校は楽しくないと思いがちです。その通り，私の知っている生徒の中にも成績が悪く欠席がちな生徒がいます。しかしその成績というのは，成績が悪くて休みが多いのか，それとも欠席が多いから成績が悪いのか，わからないのです。そして中には成績が悪くても学校にいる時に非常に楽しそうな生徒もいます。担任に聞いてみると，その生徒は授業中は学習内容が理解できないためかおとなしいのだけれど，休み時間にはクラスメートと楽しく話をしたりスポーツをしたりと明るく活動的になるのだそうです。その生徒に直接聞いてみると，「友達がいるから学校に来ている」といいます。

　不登校ぎみで友達をつくることが苦手な生徒に聞いてみました。つらいのは授業中ではなく休憩や給食時間だといいます。授業中は先生の話に集中していれば他の生徒と何を話すか考える心配をしなくてよいのです。しかし休憩や給食時間は他の生徒が自由にそれぞれ話をしているので，自分だけ何もせずにイスに座っているのが苦痛なのだそうです。普通の生徒にとっては天国の休憩や給食時間も，何を話したらいいのかわからない生徒にとっては地獄となるのですね。

　コミュニケーション能力が低い人のすべてが悩むわけではありません。表1（18頁）で示したように，コミュニケーション能力が低くても「友達がいなくても気にならない」という人は平気で登校し勉強や部活に取り組んでいます。問題はコミュニケーション能力が低く，1人が耐えられない人です。集団の中で必要以上に孤独感や疎外感を感じるのです。不登校や欠席がちの人にはこのようなタイプが多いようです。

表1　1人でも耐えられるタイプとコミュニケーション能力の関連

	コミュニケーション能力が高い	コミュニケーション能力が低い
1人でもOK	○	○
1人だと嫌	○	×

・友達ができない
・授業中より休み時間がつらい
・対人関係でストレスが大きい

×の人は学校で居心地がよくない人

研修などの参加者は緊張している

　私は研修の時は必ずというほど，はじめに簡単なコミュニケーションゲームを行っています。それは多くの人は知り合いのいない研修などに参加する時は緊張が高まっているからです。研修後に感想文を書いてもらうと「最初は来なければよかったと思った」と書く参加者が多いのです。研修を進めていくうちに次第に周りと打ち解けていくのですが，最初にゲームなどで緊張を緩めておけばリラックスして最初から楽しい気持ちで研修を受講できます。

　その緊張を緩めることを「アイスブレーキング」といいます。氷のような冷たい雰囲気を溶かすという意味です。たった5分でいいのです。私はたいてい「誕生日の輪」の後，「イスに戻る前に，5人の人と握手して自己紹介してください」とお願いします。そして自己紹介の後，もし学校の保護者会だったら「住んでいる地区と子どもの名前とクラス」を，高齢者の人を援助しているヘルパーさんの研修なら，「職場名とクライエントに認知症があるかどうか」を，教員の研修なら，「学校名と担当学年」をいってもらいます。すでによく

18

知っている友達ばかりのクラスで行う場合は,「自分のよいところを宣伝して」とか,「相手のよい点をひとついってあげましょう」といいます。

時間にすればほんの短い時間ですが,これで場の雰囲気は打ち解けて盛り上がります。

班分けする時には

全体をいくつかの班に分ける時は,ちょっとした工夫で,いつもと違う人との組み合わせができます。学校で班行動する時にはいつも同じメンバーであることが多いのですが,たまには別の人と交流して多くの人を知る機会をつくることもよいものです。

一般の社会人だけでなく,高校や大学などの授業で何か研修などを行う場合でもいつもとは違う班分けをしてみましょう。感想などを書いてもらうと,「ふだん話をしたこともない人と,ひとつのテーマで話をすることがうれしかった」などがあります。

以下にあげる①から⑥の分け方だとちょうどよい人数の班に分かれません。ですから,その班を半分に分けたり,また1人だけ隣に移ってもらうなど,柔軟に工夫をしていつもと違う班に分けてみましょう。

① 身長順に必要な班の数をつくるように並ぶ。
② 誕生の月ごとに集まって,それを適宜組み合わせる。
③ 白い服を着ているなどと色別に分ける。
④ 血液型に分かれて,その後半分に分けたり組み合わせたりする。
⑤ 朝は「和食」(パン食)がいいという人で集まる。

19

⑥ 「自分をそそっかしいと思う人」など性格で集まる。

などと分け，その後もっと分割したり組み合わせたりします。

またゲームを行う時「だれか1人出てきてください」ということがよくあります。学校では班長さんが決まっています。しかし一般の研修などの場合，班長さんなどは決まっていません。そんな場合，指導者は何も指定しないでいましょう。するとちょっと時間はかかるかもしれませんが，だれかが自主的に出てきてくれます。

しかし，いつも決まった人が自発的に動いてばかりで，消極的な人は動きにくいという場合もあります。そんな時は「では，いつも動かない人が取りにきていただけますか」というひと言で，いつもは動かない人が動いてくれるでしょう。消極的な人と思われている人も，もしかしたら出てきたい気持ちがあるのかもしれません。チャンスをつくってあげましょう。

アサーショントレーニングとは

コミュニケーションスキルとは相手とよい関係をつくっていく技術ですが，楽しく笑い合っているだけでは本当の関係はつくれません。相手と自分のやり方が違っていたり，利害が一致しなかったりする場合でも人間関係を悪化させないようなコミュニケーションの仕方があります。それがさわやかな自己主張(アサーティブな表現)です。アサート (assert) とは主張するという意味です。自己主張にもいろいろな言い方があります。①強引に自分の主張だけを押し通す言い方，②我慢する言い方，③最後に互いの思いを尊重しながら率直に自己主張する言い方の3種類です。この本では③の言い方を練習するようなアサーショントレーニングを紹介します。

[自己主張の３つのタイプ]

①攻撃的　アグレッシブ（aggressive）なタイプ

　相手の気持ちは考えず自分の主張だけをする攻撃的な方法。相手を怒らせたり，主張した人自身が自己嫌悪に陥ったりする。

②非主張的　ノン・アサーティブ（non-assertive）なタイプ

　相手の気持ちを優先して，自分を後回しにする方法。我慢ばかりで苦しくなる。

③主張的　アサーティブ（assertive）なタイプ

　相手と自分の両方の気持ちを尊重して，しかも自分の主張を率直にさわやかにする方法。相手を怒らせないように自分の気持ちを伝えるので，主張が通りやすくなり，また自分の気持ちも苦しくない。

感想や意見を聞き合う話し合いの大切さ

　エクササイズはゲーム感覚でできるので楽しいのですが，それで終わってしまってはねらいを達成することができない場合もあります。この本に出てくるエクササイズの「行い方」に「感想を話し合い，感想シートに記入する」とあるものは，エクササイズをやってみてどのように考えたか，どのように感じたかをじっくりと話し合ってください。お互いに感じていることをそのままあいまいにしておくのではなく，言葉にして表現するのです。一緒に実施している仲間はどのように感じ考えたかを知ることが大切です。そして意見

をいい合う中で，どのようにするのがよいことなのかをみつけていくのです。コミュニケーションの能力を学ぶにはこれらの過程が大切なので省略はしないでください。

コミュニケーションスキルの位置づけ

　ソーシャルスキルとは社会で生きていくのに必要なすべての技術をさします。昔なら空を見て明日の天気を予測する，病気やケガをした時に薬効のある草を見分ける，マンモスを仕留める技術なども入りました。現代社会では，家事全般から仕事をする技術，学校でよい成績をとることなども含まれます。このソーシャルスキルの中に「コミュニケーションスキル」があり，その中に「言葉を話す」ことが入ります。アサーションスキルなどは「言葉を話す」ことの中でも，さらに「言葉を用いてよい人間関係をつくるスキル」の中に入ります。一般にソーシャルスキルなどの研修会で扱うスキルはほとんどがこの「言葉を用いてよい人間関係をつくるスキル」に入ります。

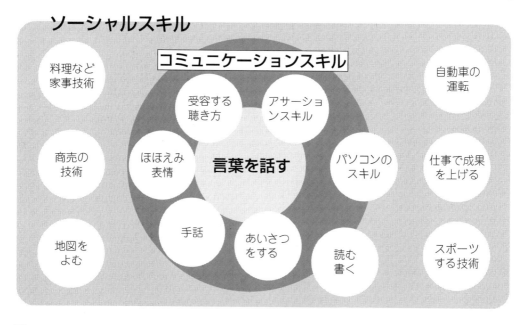

第 2 部

3～30分でできる
ゲーム&エクササイズ

言葉を用いないコミュニケーションゲームについて

　25〜35頁で紹介するのは言葉を用いないでコミュニケーションをとるゲームです。

　私たちは無意識に言葉を使っていますが，言葉以外の目線，表情，うなずき，ジェスチャーなどを用いてかなりの意思を伝えることができます。

　言葉なしでゲームをすることで，言葉の大切さがわかるとともに，言葉以外のノンバーバルな表現の効果も認識する機会となるでしょう。

> ノンバーバルなコミュニケーションとは
>
> 　言語的コミュニケーション以外の対人コミュニケーションをノンバーバル・コミュニケーションといいます。それにはジェスチャー，表情，視線，動作，ふれあい（撫でる，抱くなどを含む），体つき（体格，頭髪，スタイル，皮膚の色，体臭などを含む），準言語（発声の特徴，泣き，笑い，間投詞などを含む），環境）などを含みます。これら多様な要因が対人コミュニケーションに影響を与えるといわれています。

第2部　3～30分でできるゲーム＆エクササイズ

1　仲間さがし
言葉を用いないコミュニケーションゲーム

対象■小学生～高齢者

人数■10人～30人程度

時間■20分くらい

準備■洗濯バサミと葉書大の画用紙に2枚ずつ同じ絵を描いたカードを人数分（1人1枚）

ねらい●歩き回っているだけではゲームは終わらないので，どうしたらわかるようになるのか模索し，仲間と協力することを学ぶ。

行い方

❶　同じ絵カードを2枚ずつ用意します。

❷　参加者が後ろ向きになり，リーダーが絵を参加者の襟首に洗濯バサミで止めます。

❸　無言で歩き回り，自分の背中にある絵と同じものをつけている人を探します。

❹　うまく探せたカップルは座ります。

25

2 誕生日の輪

言葉を用いないコミュニケーションゲーム

対象■小学生～高齢者

人数■10人～200人程度

時間■3分～10分（人数による）

ねらい

●仲間の誕生日を知ることで親密感を持つ。相手のジェスチャーや表情を観察することにより親しい感情を持てる。

行い方

① 指導者の合図で，誕生日の順番に輪に並びます。

ただしその時，話をしてはいけません。身振りや手振りなどを用いて意思を伝えます。

② 指導者の右側から1月1日生まれにより近い人が並び，だんだん2月，3月と輪になっていき，指導者の左側が12月31日に近い人が並びます。

③ 最後に，全員が1人ずつ誕生日をいい，確認をします。間違えて並んでいたら正しく入れ替わります。200人くらいの時は，体育館など広い場所が必要です。

④ 人数が多すぎて1人ずつ誕生日をいう時間がない時は，「両隣の人と話して誕生日順にちゃんと並んでいるか確かめて，間違っていたら入れ替わってください」と指示すればよいでしょう。

第2部 3〜30分でできるゲーム＆エクササイズ

27

3　ジェスチャー

言葉を用いないコミュニケーションゲーム

対象■小学生〜高齢者

人数■20人〜40人程度

時間■20分くらい

準備■テーマ別の課題を書いたカード

　　　　（テーマの例：おでんの鍋の中，動物など）

ねらい●グループ間の競争を通して仲間の親密感を高める。

行い方

❶ 同じ人数のグループ（5人〜8人くらい）をつくります。

❷ 各グループの1番目の人は前に出て，テーマにある言葉の中からひとつを選びます。

❸ 指導者はテーマをみんなに知らせます。テーマ（例：おでんの鍋の中）を参考にしてカードの言葉をあてましょう。

❹ 1番目の人は2番目の人にジェスチャーだけでカードの言葉を伝えます。

　1人がジェスチャーに使う時間は1分間とします。

　指導者は1分ごとに合図をします。

　やり終えた人は前でだまって座って見ています。

❺ 最後まで伝わったら，最後の人が伝わった答えを発表し，同時に正解も発表します。

28

カードの例

テーマ「おでんの鍋の中」
- こんにゃく
- 昆布
- すじ肉
- がんもどき
- 大根
- 竹輪

テーマ「動物」
- パンダ
- ゾウ
- イヌ
- サル
- ゴリラ
- ネコ
- キリン

テーマ「鳥」
- ツル
- アヒル
- ニワトリ
- ペンギン
- ダチョウ

4 あなたを信じてどこまでも（ブラインドウォーク）

言葉を用いないコミュニケーションゲーム

対象 小学生〜50歳代くらいまで
人数 何人でも
時間 20分くらい
準備 感想シート（96頁）

ねらい

- 危険が伴うので，相手を信頼することを学ぶ。
- 視覚障害者の気持ちを想像させ，障害についての理解を深める。
- 視覚障害者の手引きの基本を知る。
- 言葉を用いないコミュニケーションの方法を体験する。

行い方

① 2人組をつくります。

② 手引き者の注意点を説明します。（31〜33頁を参考に）

③ 1人が目をつぶり，もう1人が手引き者になり，その誘導で歩く練習をします。

④ 歩いてよい範囲を指定して2人で歩きます。5分間で出発地点にもどるようにします。元の場所に帰ったら，役割を交代してまた歩きに出かけます。

⑤ 最後に，どこが怖かったか，どうしたら安心して歩けるか，導いてどうだったかなど話し合ってみましょう。

第2部　3〜30分でできるゲーム＆エクササイズ

注意

●危険が伴うことなので絶対にふざけないことを約束します。

●小学校低学年，中学年は体育館など閉鎖された空間で行いましょう。跳び箱や平均台などの障害物を置くと変化がつきます。

●小学校高学年以上は階段もある場所で実施してもいいでしょう。

●中高生以上の年齢で話をしながらの実施が真剣にできたら，2回目は無言で実施することもできます。

●無言で実施する時は，腕や膝に合図を出すなど言葉以外の手段のコミュニケーションを考えるという要素が加わります。

●手引きの仕方は31〜33頁を参照してください。

- -

手引きの4つの条件

(1) 安全性（安心感）

(2) 能率性（効率的，効果的）

(3) 見ための自然さ

(4) 視覚障害者，手引き者の両者にとってのやりやすさ

　実際の手引きにあたっては，その場に応じて判断しなければならないことが数多くあります。そのため，手引き者には常に，確実で適切な判断力が要求されます。その判断の基準となるのが上記の4つの条件です。

視覚障害者への基本的な手引きの形

基本の形

　手引き者は視覚障害者の前に立ち，肘の上を視覚障害者に持ってもらいます（図１，２）。この時の視覚障害者の肘は，大体，直角になるようにし，持ち方は親指は外側に，他の４本の指は内側にして適度な強さでしっかり握ってもらい，脇は不自然に広げないようにします。

図１　　　　　　　　図２

　この形で常に手引き者が，視覚障害者の前腕の分（半歩程度）だけ前を歩いていきます。このとき，押したり，引っぱったりはしないようにしてください。

　ただ，前述のように，視覚障害者の中には，この形を知らない方もいますので，その時は手引き者がこの方法を教えてください。さらに，手引者の肘に手をまわすようにする，肩に手を置くなど異なった方法を希望する場合は，前頁の４つの条件を基準として視覚障害者と話し合ってください。

階段での誘導

(1)段差に直角に近づく。
(2)段差の前で一旦立ち止まる。
(3)「1段，上ります」と一声かける。
(4)手引き者が，視覚障害者が上る余地を考えて少々前に位置するように先に上って止まる。その際，手引き者は視覚障害者が上るまで動かないようにする。
(5)視覚障害者が上る。その時「段差は終わりです」と一声かける。

　この順序と動きを忘れないようにしてください。

　1段，下る場合も同様です。あるいは，上る場合に，視覚障害者にその段に足をかけるようにしてその高さを理解してもらい，一緒に上ることもできます。必要に応じて，その段差の高さを「□cm くらい」というように伝えてもいいでしょう。

　以上は「独立行政法人高齢・障害者雇用支援機構　雇用推進部　職域開発課　障害者の在宅雇用・在宅就労支援ホームページチャレンジエージェント」から転載しました。

5 一緒に芸術家

言葉を用いないコミュニケーションゲーム

対象▮小学生〜高齢者まで

人数▮10人〜40人程度

時間▮10分程度

準備▮秒針のついた時計かストップウオッチ

　　　　Ｂ５〜Ａ３の画用紙，カラーペンセット（グループの数の分）

　　　　感想シート（96頁）

ねらい

●仲間が何を描こうとしているのかを読み取り，自分もそれに応え
ていく楽しさを知る。

行い方

① グループ（4人〜6人程度）をつくり，みんなでひとつの絵を
仕上げます。

② 指導者が問題を出し，それに合う絵を描きますが，指導者の合
図に従い1人10秒描いたら，横の人が続きを描きます。
言葉をしゃべらないで描くので，前の人が何を描きたかったか
わからないのがおもしろいところでしょう。

③ ゲームをやって感想を話し合い，感想シートに記入しましょう。

34

問題例

「動物の絵をみんなで描いてください」

「果物の絵をみんなで描いてください」

「野菜の絵をみんなで描いてください」

6 ジャンケンヒーロー

言葉を用いたコミュニケーションゲーム

対象■小学生から大人

人数■何百人でも（人数は多ければ多いほどおもしろい）

時間■5分〜10分（1回）

ねらい

●だれでも対等に勝負でき，思わぬヒーローが誕生するので，参加者が意欲を持って楽しめる。

行い方

① 指導者の合図で，みんながいっせいにジャンケンをし，負けた人が勝った人の肩に手をかけて後ろにつきます。

② これを繰り返すと長い列がいくつか残ります。
列が4本くらい残ったところで，指導者が合図してジャンケンをストップさせます。

③ みんなの前で，準決勝のジャンケンをさせます。この時，気持ちが集中して，盛り上がるように，みんなで「最初はグー，ジャンケンポン」とかけ声をかけさせます。

④ 最後に残った1人のヒーローを，みんなの拍手で祝福してあげます。

⑤ 「ジャンケンヒーロー」は1度に1回だけでなく，3回くらい行ってもいいでしょう。

36

第2部　3〜30分でできるゲーム＆エクササイズ

7　自己紹介ゲーム①
言葉を用いたコミュニケーションゲーム

対象■だれでも

人数■何人でも

時間■5分程度

ねらい

●短い時間で未知の人と知り合いになれる。

●知り合い同士のゲームなら，テーマの出し方で意外な面を知ることができる。

行い方

① 全員が立ち上がり，5人の人と「握手，名前，自分のよい点」を紹介し合います。

② 5人と自己紹介を終えた人は席に戻ります。

発展

メンバーが既に知り合いでもおもしろくできます。

「自分のよい点」のかわりに次のことを当てはめて実施します。

・私の趣味

・我が子の自慢できること

・今までの私の失敗

・隠された私の秘密を打ち明けましょう

・こう見えても実は私は「○○だったんですよ」

37

8 自己紹介ゲーム② レイ取りジャンケン

言葉を用いたコミュニケーションゲーム

対象■小学生～高齢者まで

人数■10人～40人程度

時間■15分

準備■紙テープ（5人で1巻くらい必要）

ねらい

●初対面やクラス替えしたばかりのメンバーなどが，競争をしながら名前や性格などを知ることができる。

行い方

① 紙テープを1.5mくらいに切ったものを1人に3本ずつ配ります。それぞれ端を結び3本のレイにして首にかけます。

② 合図とともに，メンバーがジャンケンをしていきます。

その時，まず握手し，自己紹介をしてからジャンケンして，勝った人が負けた人のレイを1本もらいます。

知り合っているメンバーなら自己紹介でなく「自分のよい点」「趣味」などを伝えることにしましょう。

③ どんどんジャンケンをしていき3分（人数が多いときはもっと長くてよい）経過したところでやめます。

④ レイを多く首にかけている人を集め，みんなの中で何本残っているか答えてもらいます。

数が多い人から，「1番○○さん」（3位まで）と拍手で祝福しましょう。

第2部 3〜30分でできるゲーム＆エクササイズ

1.5m

9 言葉さがし
言葉を用いたコミュニケーションゲーム

対象 ■ 小学生～高齢者まで
人数 ■ 10人～100人程度
時間 ■ 10分（1回）～20分（3回）
準備 ■ 班の数の筆記用具とB5判の上質紙

ねらい

● ひとつの目的に向かって協同作業をすることにより，仲間意識を高める。高齢者にはボケ防止にもなる。

行い方

① 4人～8人の班をつくり，各班に筆記用具1本と紙を配ります。

② 指導者が50音の中から1つを選び，各班でその字で始まる物や事の名前を探します。（1人が紙に記していきます）

③ 3分間経過したらやめ，記した言葉の数を競います。

④ 一番多かった班に，記した言葉をみんなの前で発表してもらい，その後拍手して賞賛します。

⑤ 繰り返し3回から5回くらいまで行ってもよいでしょう。

「さ」で始まる言葉の例

桜，柵，ささがきごぼう，刺身，サクランボ，匙，サッカー，査定，刺し子，詐欺，酒場，逆立ち，左官，逆上がり，酒盛り，酒瓶，酒代，坂道，さかやき，酒蔵，逆子，杯，一昨昨日，砂丘，先物，先回り，左遷，左岸，砂岩，先々，魚，酒樽，さかさま，祭礼，坂道，サヨリ，鮭，挿し木，指図，サタン，冊子，サトイモ，里，砂糖，サバイバル，サラダ，三角，三角州，山岳，山河，参賀，山陰，産院，策略，砂金，産休，産業，三権分立，サンゴ，山菜，三振，賛辞，惨事，算出，参照，サンショウウオ，三々九度，サンスクリット，サンタクロース，サンドペーパー，サイパン，三拍子，散布

10　短所が長所にヘンシーン

言葉を用いたコミュニケーションゲーム

対象■小学生〜大人まで

人数■20人〜50人程度

時間■15分

準備■感想シート（96頁）

ねらい

●短所だと思っていたことが長所にもなりうることを知り，自己肯定感を高め，幅広い考え方を知る。

●自分と同じ欠点を持っている人がいることや，自分だけが悩んでいるのではないことを知る。

行い方

① 5人〜6人の班をつくります。

② 感想シートの裏面に自分の短所を書きます。

③ 班で1人ずつ欠点を発表し，周りの人が「××という短所は○○という長所にもなるね」と考えを伝えます。

④ みんなが考えてくれた長所を感想シートの裏面に記録します。

⑤ ゲームの感想を話し合います。

⑥ 自分の感想を感想シートに記します。

短所と長所の例

短所も	→	長所にヘンシーン
考えないで行動する	→	行動的でよい
すぐ泣く	→	情緒や感情が豊かでよい
足が短い	→	安定感がある
鼻が低い	→	転んでも鼻を打たないから安全
優柔不断	→	協調性がある
行動がのろい	→	おっとりしていていい感じ
天然ボケ	→	癒し系である
言うことがきつい	→	何考えているかわかって安心
肌の色が黒い	→	体が引きしまって見えるから得
太っている	→	頼もしく見える（癒し系に見える）
ケチである	→	無駄遣いしないからいい

11 フルーツバスケット
言葉を用いたコミュニケーションゲーム

対象■小学生〜大人まで

人数■10 人〜30 人程度

（イスで円座に座れるスペースがあれば 100 人でも可能）

時間■10 分

準備■人数より 1 つ少ないイス

ねらい

●キーワードをいろいろなものに変えることにより，みんなの知らなかった一面を知ることができる。

行い方

① 鬼を一人決めて，他のメンバーはイスに座ります。

② 鬼がキーワード（例：今週まだカレーライスを食べていない人）をいうと，それに適合する人だけが移動します。

　キーワードに適合する人は必ず移動しなくてはなりません。

③ イスに座れなかった人が，鬼になります。

④ 5 分間行います。

44

鬼がいうキーワードの例

（キーワードに当てはまる人だけが動きます）

- 血液型がＡ型の人
- 今朝，和食でなく，パンを食べてきた人
- 数学が嫌いな人
- 今日，麦茶を学校に持ってきた人
- ４月生まれの人
- 平泳ぎをするとだんだん沈んでいく人
- 妹（弟）のいる人
- 先週の日曜日に○○という番組を見た人
- 今までにラブレターをもらったことがある人
- 自分の部屋が汚いと思う人
- 彼，彼女のいない人
- 先週カレーライスを食べた人
- コーヒーより紅茶が好きな人
- 猫より犬が好きな人
- 偶数月に生まれた人
- 夏休みの宿題をためて困ったことのある人
- 自分は「いい人」だと思う人
- 秘密を持っている人
- 演歌が好きな人
- マンガが好きな人

12 私が好きな理由は

言葉を用いたコミュニケーションゲーム

対象■小学生～大人まで

人数■10人～40人程度

時間■15分

準備■感想シート（96頁）

ねらい

●自分の意見を発表することで，他人との違いを知る。

●自分の意見をみんなの前で発表できるようになる。

●意見は違っていても仲良くできることを知る。

行い方

① 5，6人の班をつくります。

② 指導者の提示した2つの選択肢から自分がどちらが好きかとその理由を（1，2分程度）考え，感想シートの裏面に記しておきます。

③ 班で各自がどちらが好きかについて意見を出し合い（3分～5分程度の話し合い），その班の意見を決定します。（みんなが納得して決定することを条件に出しておきます）

④ 各班で決めた班の意見とその理由を代表が発表します。

⑤ 討論をしてその感想を感想シートに記します。

第2部　3～30分でできるゲーム＆エクササイズ

選択肢の例　～どちらが好きか～

① 　ジャイアンとスネオ
② 　アンパンマンとバイキンマン
③ 　犬と猫
④ 　住むなら田舎か都会か
⑤ 　子どもと大人，どちらが得か
⑥ 　次に生まれてくるなら日本人か外国人か
⑦ 　次に生まれてくるなら女か男か
⑧ 　白髪を染めるか，そのままにするか
⑨ 　髪を染めるなら，茶髪か金髪か
⑩ 　朝食はパン食かご飯か
⑪ 　親から誕生日プレゼントにもらうならお金か親が選んだ物か
⑫ 　恋人から誕生日プレゼントをもらうならお金か物か
⑬ 　夫から誕生日プレゼントをもらうならお金か物か
⑭ 　旅行なら外国旅行か国内旅行か
⑮ 　遊ぶならディズニーランドかユニバーサルスタジオか
⑯ 　耳にピアスの穴をあけたいか，あけたくないか
⑰ 　福引で当たった無料の整形手術を受けるか，権利を放棄するか

13 あなたの素敵なところは

言葉を用いたコミュニケーションゲーム

対象▮小学生～高齢者まで

人数▮10人～40人程度

時間▮10分

準備▮感想シート（96頁）

ねらい

● 相手の素敵なところを探すことで相手をよく観察する。

● 自分がほめられる心地よさを知り，他人をほめることの大切さを知る。

行い方

① 2人組をつくります。

② 相手の素敵なところを探して言葉に出して相手に伝えます。

③ 相手もそれに言葉を返します。

④ 役割を交代して，[ほめる➡返す] の会話をします。

⑤ ほめられた感想を話し合い，感想シートに記入します。

会話の例①

Ａ：「○○さん」

Ｂ：「なに？」

Ａ：「今日も元気そうでいいね」

Ｂ：「ありがとう，今日も仲良くしようね」

会話の例②

Ａ：「○○さん」

Ｂ：「なに？」

Ａ：「あなたのＴシャツとってもいい色，似合ってるね」

Ｂ：「ありがとう，あなたのズボンも決まってるね」

他にほめる内容の例

・髪型が決まっている

・健康そうでいいね

・張り切っているね

・今日も笑顔がステキ

・眉毛がきりっとさわやかだね

・色が白くていいわね

・洋服が似合っている

・そのバッグ，ステキ。どこで買ったの？

・その筆箱かわいいね

・いつも親切でうれしいわ

・努力家で頑張りやだね

・いつも明るくていいね

14 おはようゲーム① 名前＋笑顔＋おはよう

言葉を用いたコミュニケーションゲーム

対象▉小学校中学年まで

人数▉5人〜10人で1つの班，何人でもよい

時間▉10分くらい

ねらい

●基本的な朝のあいさつを練習することで，実際の場面で使えるようにし，また笑顔の効果を認識する。

行い方

① 5人〜10人の班をつくり，班ごとに活動を行います。

② 1つの班が前に出て，次のやり方で「オハヨウ」と呼びかけて班をひと回りします。(モデル演技)

ルール

最初の人を決めて，その人が右隣（2番目）の人に笑顔で「○○さん，おはよう」といいます。いわれた人は笑顔で「△△さん，おはよう」と返します。次に2番目の人が右隣の人（3番目）に……と順番に繰り返します。

③ モデルの班の誰のどこがよかったか発表させます。

④ みんなの意見をもとに，「よかったところ」（次頁参照）をまとめます。

⑤ 各班でも円座になり，②のやり方で「オハヨウ」をいい合います。

⑥ あいさつされてどんな気持ちを感じたか班で話し合い，その後，

50

全体の場で発表しましょう。
❼ 毎朝このような気持ちのよい「オハヨウ」がいえるように努力することを約束します。

板書例

よかったところ（これは例ですが，このように板書します）
- 笑顔であいさつしたところがよかった
- 声が大きくてよかった
- はっきりとしゃべれてよかった
- 相手に近づいてあいさつしたのがよかった
- 目を見て話をしたのがよかった
- 体も相手の方向に向けたところがよかった
- 手を上げたので心が通じるようだった

15 おはようゲーム❷ 名前＋笑顔＋おはよう＋季節や気候の話
言葉を用いたコミュニケーションゲーム

対象■小学生

人数■5人〜10人で1つの班，何人でもよい

時間■15分くらい

ねらい

●基本的なあいさつの場面でよく使われる季節や気候の話を練習することで，実際の場面でコミュニケーションの基礎を身につけることができる。

行い方

① おはようゲーム①の行い方（❶〜❺）と同様に実施します。

行い方で同①と違う点は「名前」＋「笑顔」＋「おはよう」の後で，季節や気候の話をすることです。

季節の話の例を出し，いろんな話題のパターンを知らせることでスムーズにゲームが展開できるようにしましょう。

注意

「おはようゲーム②」と「おはようゲーム③」は普通は小学生に実施しますが，特に人間関係をつくったり，あいさつが苦手な人の練習に実施する場合もあります。

52

季節の話の例

① 「今日は暑いね」（寒いね）
② 「さわやかな気候ですね」
③ 「今日は暑くなりそうですね」（寒く）
④ 「雨が降っていますね」（雪）
⑤ 「台風がくるようです」
⑥ 「桜がきれいに咲いていますね」（ひまわり，紅葉等）
⑦ 「もう5月になりましたね」
⑧ 「もうすぐクリスマスですね」（お正月，夏休み等）
⑨ 「梅雨になりましたね」
⑩ 「今日は卒業式ですね」（終業式）
⑪ 「明日はお休みですね」
⑫ 「今日からまた1週間が始まりますね」

16　おはようゲーム③　笑顔＋おはよう＋ほめ言葉

言葉を用いたコミュニケーションゲーム

対象■小学生

人数■何人でもよい

時間■15分くらい

ねらい

●相手のよいところを見つけ，ほめることで，自分も相手によい点を伝えてもらう。ほめられることで，ほめられるうれしさを知り，ほめることの大切さを知る。

行い方

① おはようゲーム①の行い方（❶〜❺）と同様に実施します。行い方で同①と違う点は，「笑顔」＋「おはよう」の後で，相手のよいことを探して何か一つ相手を褒めることです。

ほめ言葉の例

・「今日は顔色がいいね，元気そうだよ」

・「今日のＴシャツ似合ってるね」「いつも笑顔がステキだね」

・「おはようの言い方がさわやかだね」

・「いつも親切にしてくれてありがとう」

・「お掃除一生懸命しているね」

・「おもしろいことをいってみんなを楽しませてくれるね」

注意

小学生にはゲームの内容を予告しておき，相手も決めておくとゲームまでに相手を観察したり，考えたりすることができます。

第2部　3〜30分でできるゲーム＆エクササイズ

17　タッチゲーム
体がふれ合うコミュニケーションゲーム

対象■小学生から大人まで

人数■何人でも

時間■5分間

ねらい

●スキンシップと笑顔で親しみを感じる。

行い方

① 5人〜10人の班をつくり輪になります。

② 笑顔で，1番目の人が2番目の人に両手でタッチし，「○○さん　今日も元気ですか？」といいます。

③ 2番目の人は「元気ですよ」とか「張り切ってますよ」などと笑顔で返事をします。

④ 次は2番目の人が3番目の人に❷をして，繰り返します。

応用

5分間程度でできるので，毎朝の朝の会で行うと朝から笑顔を見られて気分よく1日を始められます。

帰りの会などで「今日もお疲れさま」➡「ありがとう，あなたもね」に変えてもよいでしょう。

55

18 風船リレー

体がふれ合うコミュニケーションゲーム

対象■小学生～大人まで

人数■10～200人

時間■10～15分

準備■風船（2人で1つ）

ねらい

●風船を間に相手とふれ合い，協力することで仲間意識を高める。

行い方

人数が多い時（学年のクラス対抗など）

① 2人のペアを作ってクラス別に並びます。そのペア数はクラスごとにだいたい同じになるようにそろえます。

② 2人で1つずつ風船を膨らまします。もしクラスごとのペア数がそろっていなかったら，多いペア数のクラスに合わせて風船を余分に膨らませます。

③ 2人のペアは風船を間に入れて背中合わせに腕をからませます。合図とともに，最後列にいるペアから背中の風船を割ります。割れたら次のペアが風船を割る。このようにして最前列のペアまでなるべく早く風船を割る競争です。ペア数がそろわない場合，1回やった人が重複して割るなどして，クラスごとに同じ数の風船を割るようにします。

人数が少ない時（10人～20人くらいまで）

① グループを2つか3つつくります。

② グループごとに10個の風船を膨らまします。

56

第2部 3〜30分でできるゲーム&エクササイズ

❸ 合図とともにグループ内でペアをつくり，背中合わせで10個の風船をなるべく早く割って競争します。

注意

● ゲームの途中，突然風船が割れることがあるので，余分に風船を膨らませておく必要があります。

● 風船は，膨らます前の大きさが10cm×6cmくらいのものがよいでしょう。

ロールプレイについて

　役割を決めて行う演技のことです。例えば，自分は母親の役で，相手の人は子どもの役などと決めて演技をします。

　自分と異なる立場の役柄を体験することで，相手の気持ちを理解すすることができます。また，実際に会話の練習することでコミュニケーション能力の向上を図ります。

話を聴くエクササイズについて

　毎日何気なく友達の話に返事をしています。自分がいくら上手に話をしても聴き手がへただと，話している人は，「もう話をしたくない」と思うこともあります。

　一方聴き方が上手だと，「この人は私の話を本当に心をこめて聴いてくれる」と感じ，うれしくなります。そして，悲しかった時，うれしかった時などに「この人に話を聴いてもらいたい」と思うかもしれません。

　話の聴き方はとても大切です。聴き方にはいくつかの技法があります。「うなずきの術」，「オウム返しの術」，「共感の術」があります。その技法の一つひとつをゲーム感覚でロールプレイを通して学んでいきましょう。またエクササイズの後には感想シートに感想を記入して，互いに話し合ってみましょう。

　いうまでもないことですが，適当に返事をすることで相手を傷つけたりすることもあるので，心をこめた対応が不可欠です。

第2部　3〜30分でできるゲーム＆エクササイズ

19　うなずきエクササイズ
ロールプレイで話を聴く練習

対象▮小学生から大人まで

人数▮何人でも

時間▮30分

準備▮感想シート（96頁）

ねらい

●うなずくことの意味と大切さに気付き，生活の中でうなずくという行動ができるようになる。

行い方

❶ みんなの前で，聴き手がうなずかない会話の見本を見せます。話し手（生徒が演じる）が「頭が痛いの」「とてもつらいの」といっても聴き手（先生が演じる）がそっぽを向いています。

❷ 次に，しっかりとうなずきをしている会話の見本を見せます。

❸ どこが悪い対応かどこがよい対応か意見や感想をみんなにいってもらいます。

聴き手の目を見たりうなずいたりすることがとても大切であることに気づいてもらうようにします。

❹ 2人組になり話し手と聴き手を決め，うなずきの技法を用いて会話の練習をします。まず最初の話し手が話します。その内容は「私の好きなことを教える」です。話し手は自分の趣味や得意なことを聴き手に2分間で伝えましょう。聴き手はしゃべらず，「うなずきの術」を用いて話を受け止めましょう。1人の話が終わったら役割を交代します。

59

❺ 話の後で,「ちゃんと聴いてもらえたと感じたかどうか」を2人で話しましょう。その後感想シートに自分の感想を記入しましょう。

> うなずきの術
> 　うなずきの術とは,相手の話に対して,「聴いていますよ」というメッセージをうなずくことで相手に伝えることです。うなずきの他,視線や目つき,体の動きなど言葉以外のいろいろな方法で聴いていることを伝えましょう。

第2部　3〜30分でできるゲーム＆エクササイズ

20 そうだねエクササイズ
ロールプレイで話を聴く練習

対象■小学生から大人まで

人数■何人でも

時間■30分

準備■感想シート（96頁）

ねらい

●相手の言葉を「そうだね」と受容することで，話し手が自分の話をしっかりと聴いてくれると満足感を得られることを知る。

行い方

❶ みんなの前で肯定的でない会話の見本を見せます。

話し手（生徒が演じる）「今日も晴れでいい天気だね」

聴き手（先生が演じる）「違うよ」

❷ その後で，「そうだね」と肯定的な対応の見本を見せます。

❸ どこが悪い対応かどこが良い対応か意見や感想をみんなに言ってもらい，話を聴く時の返事で話し手の気持ちがどのように変化するかをまとめ，「そうだね」と肯定するよさについて話をします。

❹ 2人で会話の練習をするように話し手と聴き手を決めます。

❺ 話の内容は，会話例を参考にしてください。

❻ 「そうだね」と肯定的に応える練習の会話をします。

❼ まず最初の話し手が話します。

61

⑧ 次に役割を交代します。

⑨ 「そうだね」と対応されるとどんな気持ちになったかを2人で話し合い，感想シートに記入します。

話題の例

子どもの話題（持ち物についていう）	
悪い対応	「これは筆箱だよ」「そんなの珍しくないよ」 「これは匂いのする消しゴムだよ」「それがどうした」 「これは体操服だよ」「きたねえな」
よい対応	「これは筆箱だよ」「そうだね」 「これは匂いのする消しゴムだよ」「そうだね」 「これは体操服だよ」「そうだね」

大人の話題（相手の洋服類について言う）	
悪い対応	「あなたの服，緑色ね」「うーん，緑というよりエメラルドグリーンかしら」 「あなたのTシャツ，縞々模様だね」「これはストライプよ」 「あなたの靴，運動靴ね」「これはウォーキングシューズ」
よい対応	「あなたの服，緑色ね」「そうだね」 「あなたのTシャツ，縞々模様だね」「そうだね」 「あなたの靴，運動靴ね」「そうです，これはウォーキングシューズです」

第2部　3〜30分でできるゲーム＆エクササイズ

21　オウム返しエクササイズ
ロールプレイで話を聴く練習

対象▌小学生〜大人まで

人数▌何人でも

時間▌30分

準備▌感想シート（96頁）

ねらい

●オウム返しを行うことでオウム返しの効果を実感し，生活の中で
　適切な行動がとれるようになる。

行い方

❶　みんなの前で「悪い例」を使って肯定的でない会話の見本を見
　せます。

❷　その後で，「よい例」を使って「オウム返し」（次頁参照）をす
　る対応の見本を見せます。

❸　どこが悪い対応かどこがよい対応かなど，意見や感想をみんな
　にいってもらい，話を聴く時の返事で話し手の気持ちがどのよ
　うに変化するかをまとめ，「そうだね」と肯定するよさについて
　話をします。

❹　2人で会話の練習をするように話し手と聴き手を決めます。

❺　まず最初の話し手が話します。
　話の内容は「この前の日曜日に何をして過ごしたのか」を3分
　間話します。その話に対して聴き手が，「オウム返しの術」で受

63

容しましょう。
❻ 3分間の話の後で，話を受けてもらえたかどうか話し合い，その後「感想シート」に感想を記入します。

オウム返しの術

　オウム返しとは，鳥のオウムのように，相手のいった言葉をまねして返すことをいいます。これをすると，「ああ，この人は私のいうことをちゃんと聴いてくれている」と感じます。しかし相手のいった言葉をすべてそのまま返してはいけません。そのままの言葉を返すと「バカにされている」と感じ，話す気持ちになれません。ですから「オウム返しの術」をする時は，相手のいった言葉の一部を繰り返すことがコツです。どんな程度に，言葉をオウム返しするとちょうどよいのかを考えながらロールプレイしましょう。

第2部　3〜30分でできるゲーム＆エクササイズ

よい例

Ａ：日曜日は外に出かけました。

Ｂ：外に出かけたんですね。

Ａ：ええ，家族で出かけました。

Ｂ：家族みんなで出かけたんですね。

Ａ：いいえ，おばあちゃんだけは家にいました。

Ｂ：ああ，おばあちゃんは家にいたんですね。

Ａ：ええ，そうです。それで釣りに行きました。

Ｂ：釣りですか？

悪い例

Ａ：日曜日は旅行に行ったよ。

Ｂ：ふーん。

Ａ：おばあちゃんちに行ったんだよ。

Ｂ：おばあちゃんちは旅行じゃないよ。

Ａ：おばあちゃんちといっても飛行機に乗って札幌まで行ったん
　　だ。

Ｂ：なんだ，それを早くいわないからだよ。

Ａ：ちゃんと最後まで聞いてくれないからだよ。

悪い例（そのまま返しすぎの例）

Ａ：日曜日は絵を描いたよ。

Ｂ：日曜日は絵を描いたんだね。

Ａ：それでね，川原までお弁当を持っていったんだよ。

Ｂ：それで，川原までお弁当を持っていったんだね。

Ａ：そうしたらね，風が強くて画用紙が風で飛ばされてね。

Ｂ：そうしたら風が強くて画用紙が飛ばされたんだね。

65

22 共感エクササイズ
ロールプレイで話を聴く練習

対象■小学生～大人まで

人数■何人でも

時間■30分

準備■感想シート（96頁）

ねらい●話を受け止める対応の大切さを知り，場に応じた対応の仕方ができるようになる。

行い方

① みんなの前で「共感」的ではない会話の見本を見せます。

　子どもの会話例「ねえ，明日の天気よくなるかな」「さあ」

　大人の会話例「ほら庭の桜がきれいよ」「それがどうした」

② その後で，「共感」的な対応をする会話の見本を見せます。

　子どもの会話例「ねえ，明日の天気よくなるかな」

　　　　　　　　「うーん，よくなるといいね」

　大人の会話例「ほら庭の桜がきれいよ」

　　　　　　　「そうだね，きれいに咲いたね」

③ 2つの会話を比べて，どこが悪い対応でどこがよい対応か意見や感想をみんなにいってもらい，話を聴く時の返事で話し手の気持ちがどのように変化するかをまとめ，共感する対応のよさについて話をします。

④ 2人で会話の練習をするように話し手と聴き手を決めます。

　（話し手と聴き手は後で役割を交代します）

　まず最初の話し手が話します。内容は「最近くやしかったこと」

66

「最近うれしかったこと」「最近感動したこと」など１つを指定します。「ねえ，ねえ，聞いて」「ちょっと聞いて」などの言葉から始めましょう。その話に対して聴き手が「共感の術」で受けとめましょう。相手の気持ちを考えて「その気持ちわかったよ」と伝わるような言葉を返してあげます。２分間の話をします。その後役割を交代して話をします。

❺ ちゃんと話を受けとめてもらえたと感じたかどうかを話し合い，その後感想シートに記入します。

「共感の術」とは

　共感とは，相手の話や気持ちにあった適切な言葉を返してあげることをいいます。相手の気持ちを理解できていても返答が不適切だと「ちっともわかってくれない」と感じるし，言葉が適切であれば，相手が「ああ，私の気持ちをわかってくれたんだ」と感じるようになり，話がすすみやすくなります。

　すべての会話で「共感の術」を使う必要はありませんが，人間関係がうまくいかない，ケンカばかりしているので改善したい場合，この話し方を知っていると改善に役立ちます。

よい例

Ａ：ちょっと聞いて。昨日は学校を休もうかと思っちゃった。

Ｂ：どうしたの？　体調が悪かったの？

Ａ：いいえ，腹が立ったの。

Ｂ：そんなに腹が立つことがあったの？

Ａ：そうなの，朝学校に来る時母とケンカしてね。

Ｂ：ああ，それは頭にくるね。

Ａ：そうなの，眠たいのに。

Ｂ：朝は眠たいから怒らないでほしいよね。

悪い例

Ａ：昨日は学校を休もうかと思ったんだ。

Ｂ：ふーん。

Ａ：昨日ね，朝，学校に来る時に母とケンカしてね。

Ｂ：無視しろよ。

Ａ：朝眠たいのでつらかったんだ。

Ｂ：俺は毎朝ケンカしてるからお前よりもっとつらいんだぞ。

よい例

Ａ：ねえ，ねえ聞いて。

Ｂ：どうしたの。

Ａ：とうとう私，新型のパソコンを買ってもらえることになったの。

Ｂ：ええっ，そんな高価なもの，そりゃあうれしいね。

Ａ：うん，新しいパソコンを買ったら何をしようかな。

Ｂ：いろんなことができるね。

悪い例

Ａ：ねえ，ねえ聞いて。

Ｂ：どうしたの。

Ａ：とうとう私，新型のパソコンを買ってもらえることになったの。

Ｂ：パソコンよりスマホの方がよかったんじゃない。

第 3 部

授業で活用

No. 1	ソーシャルスキルトレーニング 「仲間に入れて」	（幼児〜小学校低学年）
No. 2	ソーシャルスキルトレーニング 「敬語を使おう」	（小学校低学年）
No. 3	道徳的判断力を育てるロールプレイ 「悪いことに誘われたら」	（小学校低学年〜中学年）
No. 4	アサーショントレーニング 「ずるいことはやめて」	（小学校低学年〜中学年）
No. 5	いじめを防ぐロールプレイ いじめに誘われたら	（小学校高学年〜中学生）
No. 6	アサーショントレーニング 「さわやかな主張でケンカなし」	（小学校中学年〜高校生）
No. 7	アサーショントレーニング 「不愉快にさせられた相手に 言いたいことを主張する」	（小学校高学年〜中学生）
No. 8	アサーショントレーニング 「さわやかに断る」	（大人）
No. 9	アサーショントレーニング 「親子関係を考える」	（小学校高学年〜中学生, 親, 親子）

指導案　*No. 1*　（幼児～小学校低学年）

ソーシャルスキルトレーニング

主題●「仲間に入れて」

ねらい

●友達同士で遊んでいるところに合流したい時の言葉のかけ方を身につける。言葉をかけられたら一緒に遊ぶのがよいことを学ぶ。一人だけ外れている寂しさを知る。

本時の展開

	学 習 活 動	指導上の留意点
導入5分	1　本時のねらいを知る。 2　4～5人の班に分ける。	仲間はずれになった経験を発表させる。
展開30分	3　モデル演技（シナリオカードを参考に）を見る。 4　演技を見て感想を発表する。 ・Aの気持ちはどんな気持ちか。 ・Aがみんなと一緒に遊ぶためには何が必要か。 5　一人ぼっちの子がどのように行動をしたらよいかを，クラス全体でセリフを考える。 6　みんなで考えたセリフを各班で練習する。(役割を交代して全員がロールプレイを経験する)	Aは教師が演じる。 おさえるポイント ・Aはとてもさびしい気持ち。 ・だれか親切な子どもが一人ぼっちの子を誘ってあげることはよいことである。 ・しかし親切な子の誘いを待つだけでは解決にならないこと。 ・勇気を出して自分から話しかける必要があること。
まとめ5分	7　ロールプレイをしてみて感想を発表する。 8　これらから一人ぼっちになった時の行動の仕方を確認する。	これからの行動の仕方 ・自分から仲間にいれてほしいと勇気をだして話しかける。 ・一人ぼっちの子がいたら誘ってあげる。

第3部　授業で活用

シナリオカード

子どもたちが仲良く遊んでいる。(あっち向いてホイ，などをやっている) 離れたところからAがそれをじっと見つめている。

Aは小さな声で次のようにつぶやく。

A：「私も仲間に入れてほしいのに。だれも誘ってくれないから一人ぼっち。寂しいな。みんなは楽しそうだな。だれか私に気付いてくれればいいのに」

みんなはAに気づかずに楽しそうに遊んでいる。

生徒たちが作るシナリオ （予想される答え）

Aのセリフ
「まぜて」「いれて」「一緒に遊ぼう」

みんなのセリフの例
「いいよ，おいで」「一緒に遊ぼう」「仲良く遊ぼうね」

指導案 *No. 2* （小学校低学年）

ソーシャルスキルトレーニング

主題● 「敬語を使おう」

準備●れんしゅうメモ（73頁をコピーして全員に配布する）

ねらい●小学校で先生には敬語を使うことを知り，ロールプレイを通して場に応じた敬語の使い方を身につける。

本時の展開

	学 習 活 動	指導上の留意点
導入5分	1　本時のねらいを知る。 2　4人〜5人の班に分ける。	敬語についての知識を発表させる。
展開20分	3　教師の演じるモデル演技（シナリオカードを参考に）を見る。 4　演技を見て感想を発表する。 5　どのような言い方がふさわしいかクラス全体で考える。 6　みんなで考えたセリフを各班で練習する。（役割を交代して全員がロールプレイを経験する） 7　「れんしゅうメモ」を各自に配布し，この場合の敬語の使い方をクラス全員で考え，ふさわしい敬語での話し方を，各班で練習する。	Aは教師が演じる。 おさえるポイント ・先生に対しての話の仕方としてAの話し方がふさわしいものであるか。 ・どのような話し方をしたらよいのか，意見を出させる。 ・れんしゅうメモの①から⑤までについても練習させる。 ・「れんしゅうメモ」以外の場合の言い方についても練習するとよい。
まとめ5分	8　ロールプレイをしてみて感想を発表する。 9　これから先生に対しては敬語を使うように気をつけることを確認する。	

第3部　授業で活用

◖シナリオカード◗

ここは職員室です。Aさんが職員室に入ってきました。そして受け持ちの先生にいいました。
A：「先生，給食の箸を忘れちゃった。どうしたらいい？」

◖れんしゅうメモ◗

先生に対する話し方の練習をしましょう
① 「先生，給食の箸を忘れちゃった，どうしたらいい？」
② 「先生，お便所行っていいか？」
③ 「先生，○○君，悪い！」
④ 「先生，ちょっと来て」
⑤先生との話で「うん」という返事はよい返事でしょうか？
　　先生「きょうは，宿題をしてこなかったのですか？」
　　生徒「うん」

指導案 *No. 3*　　　　　　　（小学校低学年～中学年）

道徳的判断力を育てるロールプレイ

主題●「悪いことに誘われたら」

準備●シナリオカード①または②（各班に１枚）

ねらい●悪いことに誘われた時，どのように対応したらよいのかを考え，ロールプレイや話し合いを通して正義感や判断力を高める。

本時の展開

	学 習 活 動	指導上の留意点
導入10分	1　本時のねらいを知る ・「万引き」とは何かを知る ・「万引き」とは犯罪であることを知る。 2　万引きを見たことがあるなど経験を発表する。 3　４～５人の班に分かれる。	万引きについてみんなが知っていることを発言させる。
展開30分	4　万引きのモデル演技を見て以下のことを班で話し合い，各班で話し合った結果を発表する。 ・なぜBは万引きに協力したのか？ ・Bの気持ちはどんな気持ちか？ ・Bはどうすればよかったのか？ 5　「シナリオカード①」を班に１枚ずつ分ける。 6　万引きをやめさせるためにはBはどんな言葉をAに言えばよかったのか考え「シナリオカード①」に記入する。班で役割を決めて，班でつくったシナリオを用いて班の代表がロールプレイする。 7　皆の前で各班のロールプレイを見せる。	・先生と生徒で「シナリオカード①」に従ってロールプレイをする。（教師がAを演じる） ・Bは万引きしたくはなかったが，無理やり押し切られたことを確認する。 ・役割を交代して全員がAとBの両方の役割を行うようにさせる。 ・万引き防止のためには上手にいうことより，きっぱりいうことが大切であることを指導する。

74

第3部　授業で活用

| まとめ5分 | 8　みんなの発表から悪いことに誘われた時の対応で大切なことをまとめる。
9　これから万引きなどに誘われたらきっぱりとした態度でやめさせるようにすることを確認する。 | ・きっぱりと断っている班のシナリオを取り上げ，どこがよかったか知らせる。
・悪いことには勇気をもってきっぱりと断る必要性を気づかせる。 |

※この指導案はシナリオカード①で実施しているが，②で実施してもよい。

生徒たちが作るシナリオ （予想される答え）

例1

Ａ：ほら，これ，あなたのバッグに入れてよ（ペンを隠していた服の下から出す）。

Ｂ：ええっ！　何それ！

Ａ：これ，はやくバッグに入れてよ。

Ｂ：お金を払わないと警察につかまるよ。

Ａ：だいじょうぶだよ，見つからないよ。

Ｂ：先生にいいつけるよ。やめな。

Ａ：ちぇっ！　仕方ない。

例2

Ｂ：あ！　飴玉だね。

Ａ：これ家から持ってきたんだ。秘密で食べようよ。

Ｂ：Ａさん，学校には飴は持ってきたらいけないよ。やめよう。

Ａ：だいじょうぶだよ，だれも見てないよ。

Ｂ：先生にいいつけるよ。やめて。

Ａ：わかった，わかった，しまうよ。

75

シナリオカード① （配役の性別によりセリフは適当にかえてください）

年　　　組　　　班名（　　　　　　　　　　　）

Ａ：Ｂさん，ちょっと，ちょっと来て（小さな声でいう）。

Ｂ：何？　Ａさん。

Ａ：ほら，これ，あなたのバッグに入れてよ（ペンを隠していた服の下から出す）。

Ｂ：ええっ！　何それ！

Ａ：これ，はやくバッグに入れてよ。

─〈ここから考えます〉──────────────

Ｂ：でもお金払ってないでしょ。

Ａ：いいの，いいの，こんなもの安いんだから（無理やりＢのバッグに入れようとする）。

Ｂ：えー（押し込められて仕方なくペンをバックに隠す）。

────────────────────────

この下に，あなたの班でつくったセリフを書きましょう。

第 3 部　授業で活用

シナリオカード②　（配役の性別によりセリフは適当にかえてください）

年　　組　　班名（　　　　　　　　）

A：ちょっとこっちへ来て。

B：なあに。

A：ほら（小さな声でいいながらポケットに手を入れる）。

B：あ！　飴玉だね。

A：これ家から持ってきたんだ。秘密で食べようよ。

先生：学校で，お友達が飴玉を隠して持ってきて「食べよう」とい
　　　ったらどんな断り方をしますか？

この下に，あなたの班でつくったセリフを書きましょう。

77

指導案 *No. 4*

（小学校低学年〜中学年）

アサーショントレーニング

主題●「ずるいことはやめて」

ねらい●集団での活動や遊びの時に，ルールを守らない仲間について考えながら，ルール違反は迷惑をかける行為であることを知る。また感情的にならずしっかり注意できるような態度をロールプレイや話し合いを通して身につける。

本時の展開

	学 習 活 動	指導上の留意点
導入5分	1　本時のねらいを知る。 　　みんなで遊んでいる時，勝手な行動をする友達がいた場合，どのように行動したか発表する。 2　4人〜6人の班に分ける。	集団のルールを守らない友達に対してどういう対応をしたらいいのかを学ぶ。
展開30分	3　「シナリオカード」を参考にしたモデル演技を見る。 　　シナリオの①の言い方と②の言い方の二通りの演技を見る。 4　それぞれの登場人物の気持ちを考え，発表する。 5　注意された人が注意を受け入れる気持ちになるような注意の仕方はないか班で考える。 6　各班で作ったシナリオで各班の代表がみんなの前で演技をする。	・モデル演技の役割で難しい役は教師がやったり，あらかじめ生徒を集めて練習をさせておく。 ・おさえるポイント ①では順番を無視された生徒は悔しい気持ちであること。 ②では，きつく注意された生徒は反発する気持ちがおこり，なかなか素直にいうことを聞く気になれないこと。②だとAとBの関係が悪化しやすいこと。「生徒たちがつくるシナリオ」を参照
まとめ10分	7　各班の演技のよかった点を知る。 8　自分たちの言い方はどうだったか，他の班のよい点はどこか班で話し合う。	・各班のよい点に注目させる。 ・アサーティブな言い方だと反発が少ないことを確認する。

第3部　授業で活用

シナリオカード　（配役の性別によりセリフは適当にかえてください）

校庭でみんなが遊んでいます。すべり台には何人か子どもが並んでいます。Ａさんも列をつくって並んでいます。するとＢさんが横から入ってきてＡさんの前に並びました。Ａさんはとても驚きました。

①の言い方
Ａ：Ｂさん，あの……。
Ｂ：なんなの。何か用か（強い口調でいう）。
Ａ：あの……，あの……。なんでもないよ。
Ｂさんはいつもこんな調子で横入りしたりして，ズルをします。Ａさんはいつも我慢ばかりで悔しい思いをしています。

②の言い方
Ａ：おい，Ｂ。なぐるぞ。おまえはいつもずるいんだ。あっち行け。ぶんなぐるぞ。

生徒たちがつくるシナリオ　（予想される答え）

Ａ：Ｂさん，みんなはさっきから列に並んでいるのだからＢさんも列の後ろに並んで。

Ａ：Ｂさん，あのね，横入りはみんなが嫌な気持ちになるからちゃんと並んでね。

79

指導案 *No. 5* （小学校高学年～中学生）

いじめを防ぐロールプレイ

主題●「いじめに誘われたら」

準備●シナリオカード（各班に１枚），感想シート（全員）

ねらい●いじめの場面に遭遇した時にどのような態度をとるのがよいのかを考える。またロールプレイを通し人間関係について考え，正義感と判断力を高める。

本時の展開

	学 習 活 動	指導上の留意点
導入5分	1　本時のねらいを知る。 今まで生徒が経験したいじめについて発表する。	・なにげなく行っている行動が，いじめになること。
展開30分	2　「シナリオカード」に従ってモデル演技を行う。それを見た感想を班で話し合い，発表する。 3　いじめを防ぐようなシナリオを班で考えて「シナリオカード」に記入する（Aの誘いの言葉に対してCとDはどんなふうに対応したらいいのかを考える）。 4　各班で役を決めてロールプレイする。 5　各班の代表がロールプレイをみんなの前で見せる。	・教師がいじめ役（B）となる。感想を発表する中で以下のことなどに気づかせる。 ①Aがつらかったこと。 ②BはAに嫉妬しての行動であること。 ③Bは１人でいじめをする勇気がなくて２人を誘ったこと。 ④CとDは最初いじめをする気持ちはなかったが，断りきれなくていじめに協力してしまったこと。 ⑤つられていじめた人も良心の呵責がありつらいこと。
まとめ10分	6　ロールプレイを演じてみての感想を班で話し合う。 7　本日の学習をまとめる。 8　「感想シート」(96頁)に授業の感想を記入する。	おさえておきたい学習のポイント ・いじめはしたくなくてもつられてしてしまう場合もあること。 ・いじめられた人がとてもつらいこと。 ・いじめは周りがきっぱりとした態度をとれば防ぐことができること。

第3部　授業で活用

シナリオカード （配役の性別によりセリフは適当にかえてください）

　　Aの絵が県で最優秀賞を取り，うれしそうに級友に話をしています。友達と一緒にAはクラスを出て行きました。クラスに残った級友のBはAが気に入りません。なぜかというと，Aは活発で成績もよく，掃除をさぼるBにいつもきつく注意するからです。

B：なんだAは自慢しやがって，クソ！　なあ，C。

C：本当に，あんな口うるさい女なんて。クラス委員で先生の前でいい子ぶりっ子だし，点取り虫だし。なあD。

D：本当，本当！

B：おい，Aの体操服をゴミ箱に捨てようぜ。

C：ええ！　そんなことしていいのかな，あいつまた怒るぜ。

D：そうだぜ，それはやめといたほうがいいんじゃないか。

B：大丈夫だよ，今教室には俺たちしかいないんだから黙ってたらわからないよ。それとも恐いのか。

〈ここから班で考えます〉

CとD：そんなことはないよ。

B：そうだろ，俺が上着を捨てるから，CはショートパンツをDはズックを捨てるんだ。

　3人がAの体操服をゴミ箱に捨て教室から逃げようとするが，そこへAが戻ってきた。

A：あれ，私の体操服がゴミ箱に捨ててある。あなたたちがしたの？

B，C，D：俺たち知らない。

Aはその場に泣き崩れた。

AをいじめようというBの誘いに対して，いじめを防ぐようなCとDの会話シナリオを自分たちの班で考えて書きましょう。

81

生徒たちが作るシナリオ （予想される答え）

例1

D：B，Aは生意気だけど，体操服を捨てるのは卑怯だと思うよ。僕はそんなことするの嫌だよ。

C：僕もやめとくよ。

B：ちぇ！ おもしろくないな。

例2

D：恐くなんかないよ。ただ相手が気に入らないからと体操服を捨てることは許されない行為だと思う。

C：僕も同じように思うよ。

B：わかったよ。やめようぜ。

第3部　授業で活用

指導案 *No. 6* （小学校中学年から高校生）

アサーショントレーニング

主題●「さわやかな主張でケンカなし」

準備●シナリオカード（各班に1枚），感想シート（全員）

ねらい●正しいからときつく注意することは，相手を不愉快にする
ばかりでなく，自分のいいたいことが相手に伝わらず，人
間関係も悪化し，自分も苦しくなることを知り，アサーティ
ブな言い方を身につける。

本時の展開

	学 習 活 動	指導上の留意点
導入5分	1　本時のねらいを知る。 2　4人〜6人の班に分ける。	・自分は悪くないのに，いいたいことをいったら相手が怒ってしまった経験を出させる。
展開30分	3　「シナリオカード」を参考にしたモデル演技を見る。 4　言い争いになった後のAと父親のそれぞれの気持ちを考える。 5　自己主張には次の3つのタイプの言い方があることを知る。 　①アグレッシブな言い方 　②ノン・アサーティブな言い方 　③アサーティブな言い方 6　父に反発をさせずにいいたいことを伝えることができるアサーティブな言い方のシナリオを班で考え「シナリオカード」に記入する。 7　各班の代表が，班でつくったシナリオでみんなの前で演じる。	・モデル演技の役割で難しい役は教師がやったり，あらかじめ生徒を集めて練習をさせておく。 ・モデル演技の言い方だと父だけでなく，Aも苦しいことを確認する。 ・モデル演技のAの言い方だと父が反発してしまい，父がAの注意を受け入れにくいこと。 アサーティブの理論については20〜21頁を参考にする。
まとめ10分	8　各班の演技のよかった点を知る。 9　各自本日の授業の感想を「感想シート」（96頁）に記入する。	・教師は各班のシナリオのよい点に注目させる。 ・アサーティブな言い方だと反発が少ないことを確認。

●シナリオカード　　（配役の性別によりセリフは適当にかえてください）

　　Ａさんの家の冷蔵庫におやつのプリンがあります。みんなはさっき食べてしまったのですが，Ａさんだけは夜の楽しみにとってあります。ところが，Ａさんが二階で勉強をしている間に，帰宅したお父さんがＡさんがとっておいたプリンを食べてしまいました。

Ａ：私のプリン食べたのだれ。

父：あ，お父さんが食べた。Ａのだったのか。

〈ここから各班で考えます〉

Ａ：私がせっかく夜食べようと楽しみにとっておいたのに，なんで食べたんだよ。

父：なんだその言い方は，お父さんは知らないで食べたんだから許してくれよ。

Ａ：聞くのが当たり前だろ，あんたもいつもそういってるだろう。

父：親に向かってあんたとは何だ。謝りなさい。

Ａ：自分が悪いのに「謝れ」とはなんだ。そっちこそ謝れ。

２人とも怒り，しゃべりません。

●Ａさんが自分のいいたいことを伝えて，父も怒らせずにすむ言い方を班で考えて，ここに書きましょう。

84

第3部　授業で活用

● 生徒たちが作るシナリオ ●　（予想される答え）

例1
A：そうだよ。私，せっかく夜食べようと思って，食べないで我慢していたんだ。それで宿題をすませていたんだよ。残念だ。
父：悪かったな。お詫びに明日，ケーキやさんでおいしいケーキを買ってくるから許してくれ。

例2
A：ええっ！　お父さん食べちゃったの。夜，宿題を終えてから食べるのを楽しみにしていたんだ。
父：悪かったな。ごめんよ。ほらお小遣いあげるからこれで新しいプリンを買いなさい。

指導案 *No. 7* （小学校高学年～中学生）

アサーショントレーニング

主題●「不愉快にさせられた相手に言いたいことを主張する」

ねらい●断るにはいろいろな言い方があることを知り，気持ちを素直に伝える方法を，話し合いとロールプレイを通して身につける。

準備●シナリオカード①または②(各班に１枚)，感想シート(全員)

本時の展開

	学 習 活 動	指導上の留意点
導入5分	1　本時のねらいを説明する。　友達との関係で腹が立ったり拒否したかったり，断れなかったり，きつく怒ったりした経験を出す。2　4～5人くらいの班に分ける。	断れないと自分がつらいことや，きつく怒ってしまうと，相手だけでなく自分も苦しくなることを知らせる。
展開20分	3　教師が「シナリオカード①（または②)」を読み，それを聞いて生徒は自分がAならBにどう言うのか考える。4　班で3つのタイプの言い方を考える。考えた言い方を個人の記録シートに記入する。予想される生徒の解答例①のタイプ：「いい加減にしてほしい。これからは絶対あなたなんかとは行きませんからね」②のタイプ：「わかったわ,待っているからなるべく遅れないようにしてね」③のタイプ：「私は先生に怒られるの嫌だから40分まで待つけど，それまでにあなたが来なかったら悪いけど一人で行かせてもらうわ」5　各班で役割を決めて,3つのタイプで演じてみる。	・「シナリオカード①（または②)」を配布する。・話し方には，次の3つのタイプがあることを説明する。(主張的（アサーティブ）な言い方は20頁を参考にする)①相手の気持ちを考えず，自分の言い分を押し通す（攻撃的)。②自分の気持ちをおさえ相手を優先させる（非主張的)。③相手を配慮しながら自分の気持ちも大切にする（主張的)。③のタイプで話せば，相手も傷つけずに，自分も苦しくなく，しかもいいたいことをちゃんといえることを理解できるように配慮する。
まとめ5分	6　本日の研修のまとめをする。7　各自「感想シート」(96頁)に研修の感想を記入する。	ふだんの生活の中で今日学んだことを生かしていくように指導する。

第3部　授業で活用

● シナリオカード① ●　（配役の性別によりセリフは適当にかえてください）

　　Aは毎朝Bと一緒に登校します。今朝も待ち合わせ場所で待っていました。約束の時間は7時30分ですがBはなかなか来ません。登校が8時を過ぎると遅い生徒として名前をチェックされてしまいます。Bは7時45分頃，眠そうな顔で来ました。Aが「走って行こうよ」といったのに，Bは「朝から走るなんてできない」とゆっくりしています。おかげでその日は遅い登校者として名前を書かれてしまいました。Bは謝ることもなく，「また明日も一緒に行こうね」とニコニコしています。こんなことがよくあるのです。自分の責任をまったく感じていないBにAはとても腹が立ってきました。

解答欄　　上のシナリオについて自分たちの班で考えたAさんの
　　　　　言い方を書いてください。

①のタイプ

②のタイプ

③のタイプ

87

● シナリオカード②　（配役の性別によりセリフは適当にかえてください）

　　Aのクラスで歴史のレポートを書く宿題がでました。Aは歴史が得意ではないので日曜日に図書館に行き5時間もかかって全部調べてレポートを書き上げました。用心深いAは明日が提出日なのに前日の今日，レポートを学校に持ってきています。朝登校するとBが寄ってきました。「おはようAさん。歴史の宿題やった？」「うん，やったよ」とレポートを見せました。するとBは「悪いけど，私まだ宿題やってないんだ。これそのまま写したりしないから貸してくれない」と頼んできました。Aは「うん，でも私の不完全だから参考にならないよ」と断りましたが，Bは「わかってるよ，大丈夫だよ，不完全でいいんだ，参考にするだけだから」と食い下がってきました。実はこんなことは初めてではないのです。理科のレポートの時も貸してあげて丸写しにされたのです。しつこく頼むBにAは腹が立ってきました。

- -

解答欄　　上のシナリオについて自分たちの班で考えたAさんの言い方を書いてください。

①のタイプ

②のタイプ

③のタイプ

第3部　授業で活用

指導案　*No. 8*　　　（大人）

アサーショントレーニング

主題●「さわやかに断る」

ねらい●相手の誘いを断りたいと思った時，自分の気持ちを大切にして，相手の気分も害さず断るアサーションの仕方を身に付ける。

準備●シナリオカード①または②（各班に１枚），感想シート（全員）

本時の展開

	学 習 活 動	指導上の留意点
導入5分	1　本時のねらいを説明する。　友達との間で腹が立ったり，断れなかったり，きつく怒ったりした経験を発表する。 2　２人～４人の班に分ける。	断れなかったりすると自分がつらいこと。きつく怒ってしまうと，相手だけでなく自分も苦しくなることを知らせる。
展開30分	3　みんなの前で教師が「シナリオカード①または②」を読む。 4　生徒は班ごとに自分がAさんならどうしていたか話し合う。 5　各班で３つのタイプの言い方を考え，班ごとに①（または②）の解答欄に記入する。 予想される解答例 ①のタイプ：「もういい加減にしてほしい。金輪際あなたとは行きませんからね」 ②のタイプ：「わかったわ，待っているから気をつけて来てね」 ③のタイプ：「私はもう30分ここで待ったので疲れたから，今日はもう行かないことにしましょう」 6　各班で役割を決めて，３つのタイプで演じてみる。交代してすべての役を経験する。	「シナリオカード①または②」を各班に配布する。 話し方には，次の３つのタイプがあることを説明する。 ①相手の気持ちを考えず，自分の言い分を押し通すタイプ（攻撃的）。 ②自分の気持ちをおさえ相手を優先させるタイプ（非主張的）。 ③相手にも配慮して自分の気持ちも大切にするタイプ（主張的）。 ③のタイプで話せば，相手も傷つけずに，自分も苦しくなく，しかもいいたいことをちゃんといえることを理解できるように配慮する。

89

まとめ5分	7　本日の研修のまとめをする。個人の「感想シート」(96頁)に研修の感想を記入する。	①の言い方だとBが傷つきAもつらいこと。②の言い方だとAがつらくなること。③の言い方では自分の言いたいことを伝えられ，気持ちが楽なこと，以上の気づきを確認する。

※「シナリオカード①」で実施しているが，「シナリオカード②」でもよい。

シナリオカード①　（配役の性別によりセリフは適当にかえてください）

　　ある夏の日，Aさんは友達のBさんと一緒にBさんの車に乗ってドライブに行く約束をしています。Aさんは約束の8時より10分も前に約束の場所に立って待っていました。8時を20分も過ぎてもBさんは現れません。Bさんの家に電話すると，なんとまだBさんは家にいました。Bさんは「ごめん，出掛けに電話がかかってきてしまって，今すぐに出るから」といっています。しかしBさんの家から約束の場所まで車で20分もかかります。それにBさんが時間に遅れるのはこれが初めてではないのです。Aさんは暑い中で待ちくたびれていたので，Bさんののんびりした声を聞いて次第に腹が立ってきました。

- -

解答欄　上のシナリオについて話し方を考えて書いてください。

①のタイプ

②のタイプ

③のタイプ

第3部　授業で活用

●シナリオカード②●　（配役の性別によりセリフは適当にかえてください）

　夕方の7時，Aさんが仕事を終えて帰ろうとすると，突然Bさんが呼び止めました。AさんとBさんは同じグループで仕事をしているのですが，明日そのグループで発表をすることになっています。グループのメンバーがそれぞれ分担を決めて書類を作成してくることになっていて，Aさんは昨夜徹夜をしてその書類つくりをやっと終えていたのです。Bさんは「Aさん実は今，私の分担の書類つくりをしているのだけれど，どうしてもわからないところがあってまだ半分もしてないんです。今夜一緒に残って手伝ってくれませんか。夕食をおごるから」と頼んできた。Aさんは昨夜徹夜をして疲れ果てていたので，一刻も早く家に帰って寝たかった。しかもBさんが自分の責任を果たさず迷惑をかけるのは初めてではなかった。あまりのだらしなさにAさんは腹が立ってきた。

解答欄　上のシナリオについて話し方を考えて書いてください。
①のタイプ

②のタイプ

③のタイプ

指導案　*No. 9*　（小学校高学年〜中学生，親，親子）

アサーショントレーニング

主題●「親子関係を考える」

ねらい●小学校高学年から中学生は思春期の入り口であり第2反抗期でもある。親子関係が悪くなりがちだが，話し方を適切なものにすることで親子関係が良好なものに変わり，意思も伝えやすくなることを知る。またロールプレイを行うことで，互いの気持ちを知り，良好な親子関係づくりに役立てる。

準備●シナリオカード(各班1枚)，感想シートと個人用シート(全員)

本時の展開

	学　習　活　動	指導上の留意点
導入5分	1　本時のねらいを知る。 2　親子関係が悪くなった経験を発表する。	親子は大切な間柄であるがしばしば関係が悪くなりがち。
展開30分	3　「シナリオカード」によるモデル演技を見て，話し合う。 4　「個人用シート」(93頁)に記入し，「玄関に入る前」と「いい争った後」の気持ちの落差に気づく。 5　「玄関に入る前」の気持ちがそのまま伝わるようなシナリオを班ごとにつくる(「ただいま」というセリフから)。 6　各班で，つくったシナリオを使い，親と子の役割を決めてロールプレイをする。 7　みんなの前で各班がロールプレイして見せる。	親の役を指導者が演じる。 「個人用シート」を配布する。 班は4人〜6人の班をつくる。 班に1枚ずつ「シナリオカード」を配る。 班ごとにつくったシナリオをシナリオカードに記入する。 （よいシナリオとは）相手を怒らせず，また自分の気持ちや要求を伝えているかどうかで判断する。
まとめ10分	8　よいシナリオに注目し，どうしてよいのかを知る。 9　「感想シート」(96頁)に感想を記入する。	要求の伝え方には次の3通りの方法があることを知る。(20頁参照) ①アグレッシブな言い方 ②ノン・アサーティブな言い方 ③アサーティブな言い方

第3部　授業で活用

記入例　　　　　　　　　　月　　日　名前（　　　　　　　　）

個人用シート

	子どもの気持ち	親の気持ち
玄関に入る前	・こんなに遅くなって申し訳ない。 ・他の子も遅くなったから平気だろう。 ・お母さん心配してるかな。	・何しているだろう，心配だ。 ・悪いことしてなければいいが。 ・無事に帰ってくれたらうれしい。
いい争った後	・うるさい親だ。 ・あんなにいわなくても。 ・もっと自由を認めてほしい。	・怒りすぎたかな。 ・叩かなければよかった。 ・しかし悪いことは悪いといわなければ。

個人用シート　　　　　　　　　月　　日　名前（　　　　　　　　）

それぞれの気持ちを想像して書いてください。

	子どもの気持ち	親の気持ち
玄関に入る前		
いい争った後		

93

●シナリオカード●　　　（配役の性別によりセリフは適当にかえてください）

　　お祭の日，Ａ家では中学生の子どもが友達と祭りに出かけています。出かける時に親が子どもに言い聞かせました。「中学生なんだから遅くても９時までには帰ってくるんだよ」と。さて，夜です。

親「遅いなあ，もう９時になるぞ」…………30分経過

親「もう９時半。電話もないし，心配だな」…………30分経過

親「10時になってしまった。お祭りには喧嘩も多いだろうし，何か事件にでも巻き込まれたのかな」…………30分経過

親「10時半だ，何をしているのだろう，ちょっと外を見てくる」

─〈ここから考えます〉─ ─ ─ ─ ─ ─ ─ ─ ─ ─ ─ ─ ─ ─

子「ただいま」

親「あ，帰った。今ごろまで何をやっていたんだ。電話もしないで。遅くなるのなら電話くらいするのが常識だろう」

親は子どもの頬を叩く。子は頬を押さえながら

子「何だよ，暴力振るって。友達はみんなまだ遊んでいるのに。みんなは11時までに帰ればいいんだぞ」

親「なんだ，その口のきき方は。そんならよその家の子になれ」

子「わかったよ，そうするよ」

子は乱暴にいって家を飛び出す。

─ ─

ここに各班で考えたシナリオを書いてください。

第3部　授業で活用

参加者たちが作るシナリオ （予想される答え）

例1）

子「ただいま」

親「あ！　よかった帰ってきた。心配したのよ。どうしてこんなに遅かったの？」

子「ごめん，ごめん，だけどみんなはまだお祭りにいるんだよ」

親「そうか，でも約束は9時だったでしょ。せめて電話くらいしないと，お母さん心配で，警察に連絡して探してもらおうかと心配したんだから」

子「うん，ごめんね，電話すればよかったね。これからは電話するよ。だけどお母さん，みんなの家は11時までだからせめて11時までは門限を延長してよ」

母「あらそうなの。みんなの家は遅いのね。じゃあ，お父さんと相談して守れるような時間にしようかね」

- -

例2）

子「ただいま」

親「帰ってきた。すごく心配してたのよ」

子「心配かけて悪かった，ごめんなさい」

親「そうね，せめて電話があれば無事だってわかるから安心できたのに」

子「うん，そうだね。でも，公衆電話あんまりないし，みんなが遊んでいる時に1人だけ電話するのもできなかったしね」

親「するとみんなはまだ遊んでいるの？」

子「うん，みんなの門限は11時なんだ」

親「そうか，あなただけ早く帰ってきたのか，偉かったね」

子「うん，お母さん次からはみんなと同じくらいの門限にして」

親「うん，そうだね」

感想シート　　　名前（　　　　　　　　）　月　　日

感想や感じたことを書きましょう

著者紹介
●田中和代

静岡県静岡市生まれ。臨床心理士。福祉レクリエーションワーカー。
タッピングタッチ・インストラクター，EMDR 治療者。
福井大学大学院（学校教育専攻）修了。静岡県の公立学校教諭を経て，福井県に移る。福井県で非常勤講師，スクールカウンセラー，発達相談員や療育相談員，若者の就活支援を行い，山形県の東北公益文科大学教員（学生共育相談室の副室長）として困難をかかえる学生の就学・就業支援を行う。現在は，福井県の発達障害専門の就労支援の作業所「さくらハウス」施設長を務めながら，子どもから大人までの発達障害の相談を受けている。

主著
『家庭でできる呼吸法でストレス解消』2019 年，『小学生のための 3 枚の連続絵カードを使った SST の進め方』2017 年，『カラー絵カード付き　高機能自閉症・アスペルガー障害・ADHD・LD の子の SST の進め方』2016 年，『ワークシート付きアサーショントレーニング』2015 年，『イスや車イスに座ってできる転倒防止と寝たきり予防の音楽体操』2016 年，『新装版　発達障害の子どもにも使える　カラー版・小学生のための SST カード＋SST の進め方』2014 年，『先生が進める子どものためのリラクゼーション』2012 年，『カウンセラーがやさしく教えるキレない子の育て方』2009 年，『高機能自閉症・アスペルガー障害・ADHD・LD の子の SST の進め方』2008 年，『教師のためのコミュニケーションスキル』2005 年，『子どももお年寄りも楽しめるホワイトボード・シアター桃太郎』2004 年，『誰でもできる回想法の実践』2003 年，『痴呆のお年寄りの音楽療法・回想法・レク・体操』2001 年，『重度痴呆のお年寄りのレクリエーション援助』2000 年（以上，黎明書房），『発達が気になる子のための自立・就労トレーニング』2013 年，合同出版。

＊本文イラスト・中村美保
＊本扉イラスト・さややん。

新装版　ゲーム感覚で学ぼう，コミュニケーションスキル

2019 年 11 月 25 日　初版発行	著　　者	田　中　和　代
	発 行 者	武　馬　久仁裕
	印　　刷	株式会社太洋社
	製　　本	株式会社太洋社

発 行 所　　　　　株式会社　黎明書房

〒460-0002　名古屋市中区丸の内 3-6-27　EBS ビル　☎ 052-962-3045
FAX 052-951-9065　振替・00880-1-59001
〒101-0047　東京連絡所・千代田区内神田 1-4-9　松苗ビル 4 階
☎ 03-3268-3470

落丁本・乱丁本はお取替します。　　　　　ISBN978-4-654-02324-0
Ⓒ K. Tanaka. 2019, Printed in Japan

家庭でできる呼吸法でストレス解消
―心静かな毎日を過ごそう　　　　　　　　　＊音声ガイド入り音楽ＣＤ付き◎

田中和代著　B5・67頁　2300円

音声ガイド付きの付属のCDを使って，家庭で気軽に効果的なリラクゼーションである呼吸法が行えます。不眠，慢性的な倦怠感，過度な緊張などでお悩みの方におすすめです。『先生が進める子どものためのリラクゼーション』（2012年刊）を家庭用に改訂・大判化。

小学生のための3枚の連続絵カードを使ったSSTの進め方
―カラー絵カード32枚（48場面）付き

田中和代著　B5函入／書籍77頁＋カラー絵カード32枚　4630円

「仲直り」「スマートフォンの使い方」「衝動性を我慢する」等のソーシャルスキルを，基本的な16事例に即し，3枚の連続絵カードとロールプレイで体験的，効果的に学べます。発達障害の児童にも使えます。

高機能自閉症・アスペルガー障害・ADHD・LDの子のSSTの進め方
―特別支援教育のためのソーシャルスキルトレーニング（SST）

田中和代・岩佐亜紀著　B5・151頁　2600円

生活や学習に不適応を見せ，問題行動をとる子どもが，社会的に好ましい行動ができるようになり，生活しやすくなるように支援する，ゲームや絵カードを使ったSSTの実際を詳しく紹介。学校だけでなく家庭でもできます。

ワークシート付きアサーショントレーニング
―自尊感情を持って自己を表現できるための30のポイント

田中和代著　B5・97頁　2100円

「親と対立した場面」「批判や非難された場面」等のロールプレイを見，ワークシートに書き込むだけで，誰もが自分らしく，さわやかに相手と違う意見を主張したり，断ったりできるアサーションスキルを身につけられる本。小学生からすぐ授業に使えます。

カウンセラーがやさしく教えるキレない子の育て方

田中和代著　四六・114頁　1200円

どなる，暴力を振るう，リストカットをする，引きこもる，忘れ物が多い，朝起きない，物やお金を大切にしない……。キレる子どもが確実に変わる，今すぐできる親の対応の仕方を上級教育カウンセラーがマンガで解説。

自尊感情を持たせ，きちんと自己主張できる子を育てる
アサーショントレーニング40
―先生と子どもと親のためのワークブック

リサM. シャーブ著　上田勢子訳　B5・192頁　2700円

教室や家庭，カウンセリングの場で，コピーして子どもが楽しくできる40のアクティビティを通してじょうずな自己主張の仕方を学ぶ。伝えかたの3つの種類／「いやだ」と言ってもいいんだよ／他。

専手必笑！
インクルーシブ教育の基礎・基本と学級づくり・授業づくり

関田聖和著　Ａ5・133頁　1800円

インクルーシブ教育とは何か，インクルーシブ教育で求められることは何か。困っている子どもへのアプローチの在り方や各教科における支援の手立てを詳述。インクルーシブ教育をこれから学び，実践しようとする方々の必須事項がコンパクトにまとめられた一冊。

表示価格は本体価格です。別途消費税がかかります。

■ホームページでは，新刊案内など，小社刊行物の詳細な情報を提供しております。「総合目録」もダウンロードできます。
http://www.reimei-shobo.com/